Yth
831

CLAIRE,

ou

LA PRÉFÉRENCE D'UNE MÈRE,

DRAME EN TROIS ACTES, EN PROSE,

PAR

M. ROSIER, (Jos-Bernard)

REPRÉSENTÉ POUR LA PREMIÈRE FOIS, A PARIS,
PAR LES COMÉDIENS ORDINAIRES DU ROI,
SUR LE THÉATRE-FRANÇAIS, LE 4 JUILLET 1837.

PARIS.

MARCHANT, ÉDITEUR, BOULEVART SAINT-MARTIN, 12.

1837

PERSONNAGES.	ACTEURS.
D'ORMENIL, 58 ans	M. Perrier.
D'ERBIN, id.	M. Provost.
SAINT-CHARLES, 25 ans	M. Menjaud.
LE DOCTEUR, 40 ans	M. Charles-Mangin.
GERMAIN, domestique	M. Alexandre.
CLAIRE, sœur d'Euphrosine, 17 ans	Mlle Mars.
EUPHROSINE, sœur de Claire, 15 ans	Mlle Noblet.
Mme D'ORMENIL, leur mère	Mlle Mante.
JULIENNE, nourrice de Claire	Mme Dupont.

La scène se passe à Paris, en 1810.

Nota. L'aspect scénique et la position des personnages sont relatifs au spectateur. Le premier personnage inscrit tient toujours la gauche, et ainsi de suite.

CLAIRE,

ou

LA PRÉFÉRENCE D'UNE MÈRE,

DRAME EN TROIS ACTES, EN PROSE.

ACTE PREMIER.

Un salon. Porte au fond. Porte à gauche, conduisant au jardin. Porte à droite de la chambre de Claire. Le décor est le même pour les trois actes.

SCENE PREMIERE.

CLAIRE, *brodant à gauche*, Mme D'OR-MENIL, *arrangeant les cheveux et le chapeau d'Euphrosine.*

Mme D'ORMENIL. Oh! comme tu es bien ainsi, ma fille!... N'est-ce pas, Claire? regarde-la.

CLAIRE. Oui, ma mère, tout sied bien à ma sœur.

EUPHROSINE. J'étais sûre de la réponse.

Mme D'ORMENIL. Ta toilette sera remarquée aux Tuileries.

EUPHROSINE. Et tu ne viens pas t'y promener quelques instans avec nous?

CLAIRE. Non; je ne sortirai pas; j'irai au jardin.

Mme D'ORMENIL. J'étais également sûre à l'avance de la réponse. (*A Euphrosine.*) Enfin que veux-tu, ma fille? Claire n'aime pas à se trouver avec nous. Elle préfère la solitude à notre compagnie, et ses pensées à notre conversation.

CLAIRE. Oh! non, ma mère; mais...

EUPHROSINE. Tu ne peux avoir que de mauvaises raisons à nous donner; car enfin, si tu vas te promener dans le jardin, autant vaudrait nous accompagner aux Tuileries, qui sont à notre porte.

CLAIRE. Non, je resterai. Il me tarde d'avoir fini...

EUPHROSINE. Ton herbier, n'est-ce pas? C'est bien amusant d'aplatir des fleurs entre des feuilles de papier gris! au lieu de chercher des distractions, de venir partout avec nous!

Mme D'ORMENIL. C'est son caractère.

CLAIRE, *debout*. Si vous le voulez absolument, ma mère, je sortirai avec vous.

Mme D'ORMENIL. Non, non, ma fille, reste; tu es bien libre, je ne veux pas te contrarier.

SCENE II.

Les Mêmes, JULIENNE.

JULIENNE. M. Saint-Charles est au salon. Il attend madame.

Mouvement de Claire.

Mme D'ORMENIL. Ah! oui, il doit nous donner le bras. (*A Euphrosine.*) Partons, ma fille.

EUPHROSINE, *allant à Claire.* Pourquoi ne pas venir? pourquoi nous bouder ainsi?

CLAIRE. Va, ma sœur, M. Saint-Charles doit s'impatienter.

EUPHROSINE. Décidément tu me refuses?

CLAIRE, *bas.* N'insiste pas!

EUPHROSINE, *l'embrassant.* Tu es une méchante.

Elle joint sa mère, qui ne jette pas un regard à Claire; elles sortent par le fond.

CLAIRE, *à Julienne.* Bonne sœur! comme elle est gaie! heureuse!... Ma mère l'aime tant!

Elle va au jardin.

SCENE III.

JULIENNE.

Toujours seule, toujours pensive. Moi, j'ai pris le parti de ne plus lui faire d'observations sur sa tristesse... Je vois qu'elle n'aime pas qu'on s'en aperçoive... cela lui fait mal... Ma pauvre Claire! Elle n'était pas ainsi quand elle était avec moi, loin de Paris... Alors elle était heureuse, elle était ma fille... Mais j'entends... (*Elle court au fond.*) Je ne me trompe pas!.... c'est M. d'Ormenil! (*Joie. Elle appelle.*) Germain? Germain? (*Germain paraît.*) Cours aux Tuileries, dis à madame que son beau-frère vient d'arriver. (*Germain disparaît.*) Ah! quel bonheur!... (*A la cantonnade.*) C'est donc vous, monsieur d'Ormenil?

SCENE IV.

JULIENNE, D'ORMENIL.

D'ORMENIL. Moi-même, ma bonne Julienne. Dis-moi...

JULIENNE. Dieu! comme votre nièce va être contente! Voilà un an qu'on n'a eu l'honneur de vous voir.

D'ORMENIL. Ma nièce, dis-tu? Est-ce que je n'en ai pas deux?

JULIENNE. C'est vrai; mais je ne songeais qu'à votre bonne Claire.

D'ORMENIL. Je pense qu'Euphrosine me reverra avec autant de plaisir.

JULIENNE. Je ne dis pas; mais...

D'ORMENIL. Mais, mais..... que veux-tu dire?

JULIENNE. Oh! vous le savez bien.

D'ORMENIL, *impatient.* Assez, assez.... Dis-moi donc...

JULIENNE. Cette pauvre Claire! Oh! c'est que j'ai le droit de voir tout cela, de m'en affliger. Car enfin elle est ma fille aussi; c'est moi qui l'ai élevée les trois premières années, et à une époque!... C'était pendant la révolution.

D'ORMENIL. Est-ce qu'en ce temps-là, en 93, les enfans étaient plus difficiles à élever qu'aujourd'hui, en 1810.

JULIENNE. Oui, monsieur, à cette époque, en France, on avait toutes les peines du monde à vivre... Et, quoiqu'il y ait bien long-temps de cela, quoique Claire ait aujourd'hui dix-sept ans, il me semble encore voir son père obligé de fuir, séparé de madame à la suite de terribles événemens... Tenez, brave femme, me dit-il en me donnant une poignée d'or, voilà mon enfant que je vous confie, je viendrai vous la demander plus tard... Et en effet, trois ans après, je fus appelée à Paris, où je trouvai monsieur et madame.

D'ORMENIL. Eh bien! à quoi bon rappeler cela?

JULIENNE. Pour vous prouver que je suis la seconde mère de Claire et que je l'aime! Ah! si madame l'aimait comme moi.

Elle pleure.

D'ORMENIL. Allons, vas-tu recommencer comme chaque fois que je viens ici? Aller se mettre dans l'esprit que ma belle-sœur a des préférences pour Euphrosine, pour sa fille cadette!...

JULIENNE, *émue.* Oh! tout le monde s'en aperçoit bien! Votre pauvre frère, quand il vivait, l'a souvent reproché à madame. Oh! lui n'avait pas de préférence; il aimait autant l'une que l'autre..... C'était un bon père... Depuis dix ans qu'il est mort, laissant ses filles toutes petites, les préférences de madame pour sa bien-aimée Euphrosine n'ont fait qu'augmenter..... Ce n'est pas que madame ne soit la meilleure des femmes..... Dieu!.... Mais c'est un malheur..... Tenez, monsieur, je ne puis jamais vous voir sans..... (*Elle pleure.*) Cette bonne Claire, qui vous aime tant!

D'ORMENIL, *attendri, se met brusquement en colère.* Si tu t'avises de m'attendrir..... je... Tu es folle avec tes idées.... Je vous demande un peu.... moi qui arrive d'Angleterre, qui reviens en France pour m'égayer, la première chose que je rencontre, c'est une femme qui pleure !

JULIENNE. Elle, si bonne, si dévouée, qui, pendant la longue et cruelle maladie de sa mère, n'a pas cessé de lui prodiguer les soins les plus tendres ; qui veillait chaque nuit près d'elle, tandis que sa sœur, qui est une bonne personne, c'est vrai, allait à la promenade, dans le monde, sans se douter du danger que courait madame... Ah! monsieur, Claire a tant souffert, elle est si fatiguée, que vous la trouverez bien changée...

D'ORMENIL, *très-haut.* Julienne?

JULIENNE. Monsieur ?

D'ORMENIL. Tu n'as pas le sens commun.

JULIENNE. C'est possible ; mais j'ai bon cœur.

D'ORMENIL. Ma belle-sœur aime également Euphrosine et Claire ; mais la différence du caractère de ses deux filles en met une dans l'expression de son amour. Euphrosine est gaie, étourdie, caressante; Claire est douce, rêveuse, timide; elle ne va pas, comme sa sœur, au-devant des caresses de sa mère, et c'est ce qui t'a fait croire...

JULIENNE. Ah! monsieur, vous savez bien que j'ai raison... d'ailleurs, si ce n'était que cela..... je sais bien encore autre chose.

D'ORMENIL. Autre folie !... Et que sais-tu encore ?

JULIENNE. Que madame a l'intention de marier Claire à un vieillard, comme vous.....

D'ORMENIL. Eh!

JULIENNE. Oh! pardon, je voulais dire...

D'ORMENIL. Qu'il y a long-temps que je ne suis plus jeune... Cela revient au même.

JULIENNE. Et cela, parce qu'il s'est exposé à se faire écraser par un cabriolet pour arracher madame à un danger de mort. Ah! c'est vrai ; j'étais sur le grand chemin, je l'ai vu.

D'ORMENIL. Et ce vieillard, parce qu'il a sauvé la mère, veut épouser la fille ?

JULIENNE. Il en est amoureux..... C'est une indignité.... du reste un bien brave homme !

D'ORMENIL. Un bien brave homme !... Tu dis du mal de tous, en assurant que ce sont les meilleures gens du monde... Et ce monsieur est-il ici ?

JULIENNE. Il y vient chaque jour.

D'ORMENIL. Je le verrai.

JULIENNE. Mais vous le connaissez ; c'est un de vos meilleurs amis.

D'ORMENIL. Un ami ?

JULIENNE. M. d'Herbin.

D'ORMENIL. Quoi ! mon ami d'Herbin serait capable...? (*Se reprenant.*) Oui, oui, un excellent homme ! Mais laissons cela... dis-moi : où est tout le monde ?...

JULIENNE. Germain va prévenir madame et Euphrosine, qui sont allées aux Tuileries avec M. Saint-Charles.

D'ORMENIL. M. Saint-Charles? Un jeune homme que j'ai vu deux ou trois fois ici ?

JULIENNE. Un jeune homme bien distingué, un propriétaire, le prétendu d'Euphrosine... c'est-à-dire, si je voulais parler... je devine encore...

D'ORMENIL. C'est cela, tu devines que ce brave jeune homme est peut-être un coquin, n'est-ce pas ?

JULIENNE. Je ne dis pas ; mais...

D'ORMENIL. Mais..... tais-toi. Claire, où est-elle?

JULIENNE. Elle n'a pas voulu les suivre; elle a préféré rester... Elle se promène dans le jardin... Et tenez, la voilà... Elle regarde de ce côté... elle vous reconnaît.

D'ORMENIL, *à la porte de gauche, appelant.* Claire ?

JULIENNE. Oh ! comme elle court ! votre vue lui a donné des forces.

SCÈNE V.

CLAIRE, JULIENNE, D'ORMENIL.

CLAIRE, *se précipitant dans les bras de son oncle.* Mon oncle.

D'ORMENIL. Ma fille !

JULIENNE, *émue, à part.* Que j'aime à les voir ensemble ! (*Haut.*) Je m'en vais savoir si on est de retour.

D'ORMENIL. C'est inutile, j'attendrai.

Julienne sort par le fond.

SCÈNE VI.

CLAIRE, D'ORMENIL.

CLAIRE. Oh! mon Dieu ! comme il y a long-temps que vous n'êtes venu me voir... nous voir !

D'ORMENIL. Oui, une affaire m'a retenu en Angleterre plus long-temps que je n'avais cru d'abord. J'ai été acheter à Londres une machine inventée à Paris ; c'est l'usage.

CLAIRE. Moi, je croyais que vous m'aviez... que vous nous aviez tout-à-fait oubliées.

D'ORMENIL. Vous oublier? t'oublier, toi, ma fille? tu sais bien que c'est impossible.

CLAIRE. Oui, oui, c'est vrai... et vous êtes satisfait de votre voyage?

D'ORMENIL. Oui, ma fille... et toi, es-tu contente, heureuse?

CLAIRE, *pleurant*. Oh! oui, mon oncle, je le suis surtout en ce moment.

D'ORMENIL. Mais je te trouve pâle, languissante.

CLAIRE, *dissimulant*. Non, non, je vous assure... je me porte bien, pas aussi bien que ma sœur..... Tenez, comparez, la voici.

SCENE VII.

CLAIRE, D'ORMENIL, EUPHROSINE.

EUPHROSINE, *radieuse*. Ah! mon oncle!

D'ORMENIL, *l'embrassant*. Ma chère Euphrosine, comme je te trouve embellie !

EUPHROSINE. Ah! c'est que je ne suis pas comme Claire ; je ne fuis pas le monde : je ne repousse pas les plaisirs ! je vais, je viens... et je danse, je danse!... Si Claire faisait comme moi...

CLAIRE, *souriant tristement*. C'est que moi, je suis si vite fatiguée !

EUPHROSINE. Le croiriez-vous, mon oncle ? elle ne veut jamais sortir. Elle laisse se faner et passer de mode des toilettes charmantes, c'est un meurtre. Nous avons beau la presser, la supplier, maman et moi, rien ! nous ne pouvons presque jamais l'entraîner avec nous. Son grand bonheur est de rester ici, comme vous la voyez, pour faire de la botanique dans le jardin.

CLAIRE. Que veux-tu ? j'aime les fleurs, moi.

EUPHROSINE. Moi aussi je les aime.

CLAIRE. Oui, celles qu'on voit éclore et s'épanouir entre les doigts des fleuristes.

D'ORMENIL, *désignant le chapeau d'Euphrosine*. Oui, celles-ci.

EUPHROSINE, *ôtant son chapeau*. Ne vous en moquez pas. Elles ont un éclat !...

D'ORMENIL. Et surtout un parfum !...

EUPHROSINE. Et puis quelle différence de goûts entre nous pour les lectures ! moi, j'aime ce qui est gai, amusant, ce qui me fait rire; elle, au contraire, ce qui est touchant, triste, ce qui fait pleurer.

CLAIRE, *souriant*. Elle me raille toujours.

EUPHROSINE. Moi ? c'est parce que je ne voudrais pas te voir ainsi, solitaire, mélancolique. (*A son oncle*.) Oh ! je lui rends bien justice d'ailleurs. Elle vaut mieux que moi ; elle a plus de qualités, plus d'intelligence, plus d'esprit... moi, j'ai plus de gaîté... Il faut bien que j'aie quelque chose.

D'ORMENIL, *les baisant toutes deux au front*. Vous êtes bien aimables toutes deux.

EUPHROSINE. Vous ne l'êtes guère, vous, mon oncle.

D'ORMENIL. Ah ! ah !

EUPHROSINE. Rester près de six mois sans venir nous voir !

D'ORMENIL. Tu veux dire un an... Allons, je vois avec plaisir que je ne suis pour rien dans tes regrets.

EUPHROSINE. Comment ? il y a un an?

SCENE VIII.

LES MÊMES, Mme D'ORMENIL, SAINT-CHARLES.

Mme D'ORMENIL. Oui, un an, le paresseux, l'infidèle, un an sans nous donner de ses nouvelles. Aussi vous voyez qu'on se pique et qu'on ne court pas pour vous recevoir..... (*Souriant*.) Comment vous portez-vous ?

D'ORMENIL, *l'embrassant*. Comme un voyageur, parfaitement.

CLAIRE, *à son oncle*. Je vais m'occuper de vos petites fantaisies.

EUPHROSINE. Moi, pour l'amour de vous, je vais ajouter un ruban à ma toilette.

D'ORMENIL, *après avoir regardé Saint-Charles*. Pour l'amour de moi, de moi tout seul ?

Mme D'ORMENIL. Et votre leçon de piano ? monsieur Saint-Charles, surveillez vos écolières.

SAINT-CHARLES, *passant du côté de l'oncle*. Merci, madame. (*Bas à l'oncle.*) Monsieur, je désirerais vous parler en particulier.

D'ORMENIL, *bas*. Monsieur, quand il vous plaira.

SCÈNE IX.

Mme D'ORMENIL, D'ORMENIL.

Mme D'ORMENIL. Eh bien! mon frère, comment trouvez-vous vos deux nièces?

D'ORMENIL. Comme toujours, charmantes.

Mme D'ORMENIL. Je vais les marier; vous arrivez fort à propos.

D'ORMENIL. Ah! ah! vous allez les marier? très-bien... c'est-à-dire, d'abord, avec qui?

Mme D'ORMENIL. Euphrosine à M. Saint-Charles, ce jeune homme que vous venez de voir.

D'ORMENIL. Il aime Euphrosine?

Mme D'ORMENIL. Il en est fou... Sa campagne est voisine de la mienne. Il y a dix-huit mois qu'il me céda quelques arpens de terre à ma convenance. Depuis lors il a demandé à nous faire visite; je l'ai permis; d'abord il est venu quelquefois, puis souvent, tous les jours ; il a été près d'Euphrosine d'un empressement, d'une galanterie, d'une délicatesse... Et, il y a deux mois, quand, pour lui faire déclarer des intentions que je savais aussi bien que lui, je lui demandai le motif de ses assiduités dans ma maison, il me répondit qu'il serait heureux d'entrer dans ma famille.

D'ORMENIL. Mais s'il n'a pas nommé Euphrosine, qui vous dit qu'il ait jeté ses vues sur elle plutôt que sur...?

Mme D'ORMENIL. Vous me supposez donc aveugle?

D'ORMENIL. Au fait, vous devez savoir mieux que moi ce qui se passe chez vous... Quant à Claire, quel est le mari que vous lui destinez?

Mme D'ORMENIL. Je suis sûre que vous approuverez mon choix.

D'ORMENIL. Peut-être..... vous savez comme j'aime à contrarier.

Mme D'ORMENIL. Ce n'est pas un homme de la première jeunesse...

D'ORMENIL. J'entends, c'est un vieux.

Mme D'ORMENIL. Il n'est pas beau; mais...

D'ORMENIL. Mais il est laid.

Mme D'ORMENIL. C'est l'honnêteté, la probité même... je ne parle pas de sa fortune, il est millionnaire.

D'ORMENIL. Ah! parbleu! vieux et laid, il ne lui aurait plus manqué que d'être un coquin pauvre.

Mme D'ORMENIL. La probité avant tout...

D'ORMENIL. Sans doute; mais, dites-moi, ma sœur, ne suis-je pas un honnête homme, moi?

Mme D'ORMENIL. Certes!

D'ORMENIL. Eh bien! il n'y a pas une seule jeune fille à marier à qui ma probité ait fait envie. Elle date de trop loin, voyez-vous, et les jeunes filles ont le goût bon : elles veulent de la probité du jour, avec cela qu'elle est fort rare.

Mme D'ORMENIL. Vous plaisantez.

D'ORMENIL. Conçoit-on ce fou de d'Herbin, un invalide comme moi!

Mme D'ORMENIL. Ah! on vous a dit?...

D'ORMENIL. Je viens de l'apprendre.

Mme D'ORMENIL. Vous savez le service qu'il m'a rendu? je lui dois...

D'ORMENIL. Eh bien, la reconnaissance est personnelle! Et c'est vous qui devriez l'épouser.

Mme D'ORMENIL. D'abord j'ai juré de ne pas me remarier; et puis il ne songeait pas à moi; il est amoureux de Claire.

D'ORMENIL. Amoureux, à son âge! Eh! que diantre prétend-il faire de son amour?

Mme D'ORMENIL. Il m'a demandé sa main.

D'ORMENIL. Raison de plus pour la lui refuser.

Mme D'ORMENIL. Pourquoi cela?

D'ORMENIL. Parce que cela prouve qu'il est tout-à-fait fou; mais, ma sœur, vous reviendrez sur ce projet.

Mme D'ORMENIL. Y pensez-vous? Tout est arrêté; j'ai donné mon consentement, et Claire ne refusera pas le sien.

D'ORMENIL. Elle vous aime, elle se dévouera.

Mme D'ORMENIL. Je n'aurai pas besoin de la contraindre.

D'ORMENIL. Parce qu'elle ne résistera pas; mais avez-vous songé à toutes les conséquences d'un mariage aussi mal assorti?

Mme D'ORMENIL, *souriant*. Je vois que vous avez envie de discuter selon votre habitude, et certainement cette disproportion d'âge serait pour vous une excellente occasion; mais je n'ai qu'une chose à répondre. (*Souriant un peu plus.*) Ce mariage plaît à la mère, au futur; il plaira à la fille, et il doit plaire à l'oncle... voilà!

D'ORMENIL. Voilà qui est bref, c'est vrai... moi, je serai plus long que vous, et vous m'écouterez. Vous me connaissez : je suis franc, je suis bon, mais.....

Mme D'ORMENIL, *souriant.* Brusque.

D'ORMENIL. C'est vrai. Je commencerai par vous dire que Claire est la fille de mon frère ; que je lui destine la moitié de ma fortune, ainsi que l'autre moitié à sa sœur, et que cela, ce me semble, me donne quelque droit de dire ma façon de penser... je ne l'aurais pas d'ailleurs, je le prendrais. Je vous dirai ensuite que je ne connais pas de femme plus aimable que vous. Vous avez d'éminentes qualités ; vous avez fait le bonheur de mon pauvre frère ; vous êtes bonne, généreuse, charitable ; vous...

Mme D'ORMENIL. Vous me faites peur : lorsque vous commencez par des éloges, vous finissez....

D'ORMENIL. C'est mon habitude, je suis bien aise que vous la connaissiez.

Mme D'ORMENIL. Mais enfin où voulez-vous en venir ?

D'ORMENIL. A vous dire que vous avez toutes les qualités, moins une.

Mme D'ORMENIL, *un peu troublée.* Et quelle est celle qui me manque ?

D'ORMENIL. Ma sœur, vous n'avez pas pour Claire toute l'affection qu'elle mérite.

Mme D'ORMENIL, *troublée.* Ah ! mon frère !

D'ORMENIL. Que voulez-vous ? Cela me pèse depuis dix ans, depuis la mort de mon frère. Dieu merci, j'ai pris du temps pour oser vous le dire.

Mme D'ORMENIL, *attristée.* Mon frère, ne soyez pas injuste comme les autres, vous qui me connaissez, vous pour qui je n'ai rien de caché. Plaignez-moi, conseillez-moi, ne m'accusez pas, surtout quand je vous aurai fait un aveu qui sera pour moi comme une expiation.

D'ORMENIL. Je ne vous accuse pas ; mais convenez...

Mme D'ORMENIL. Oui, mon frère, je l'avoue ; mais ce n'est pas un crime dont je sois coupable ; c'est un malheur que je subis et dont je souffre plus que personne, vous pouvez m'en croire... oui, Dieu le sait, malgré moi, malgré tous mes efforts, un instinct dont je ne suis pas maîtresse, un penchant qui me domine d'autant plus que mon cœur s'en alarme davantage, me fait quelquefois préférer Euphrosine à sa sœur. Cela vient-il de ce que ma bonne Claire fut élevée loin de moi, les trois premières années, par suite de circonstances fatales, tandis qu'Euphosine, née sous de meilleurs auspices, ne m'a jamais quittée, n'a pas eu d'autre mère que moi, je l'ignore ; mais, je vous l'assure, en dépit des aveugles sentimens du cœur, je sais qu'il y a des devoirs que la raison nous impose, des actes d'égalité que nous sommes tenus d'accomplir et, à cet égard, mon frère, je le jure devant Dieu, Claire a toujours été traitée comme ma fille.

D'ORMENIL. Je le sais, je le sais.

Mme D'ORMENIL. Quelquefois même, mécontente de moi, malheureuse, indignée de cette préférence involontaire, il me semblait que je devais une réparation à ma fille aînée ; et alors en présence d'Euphrosine, qui souriait à ce spectacle, je faisais à Claire la plus large part de mes caresses ; je l'attirais sur mes genoux ; je m'excitais à l'aimer ; je la pressais contre mon cœur, contre ce cœur où je voulais qu'elle eût la place qu'elle mérite... mais, hélas ! la pauvre enfant n'était pas dupe de ce mensonge, et je la sentais avec désespoir froide et contrainte dans les bras de sa mère.

Elle pleure.

D'ORMENIL. Allons, allons, calmez-vous ; je n'ai pas prétendu vous affliger, vous blesser... Encore un coup, vous êtes la meilleure des femmes, la femme que j'estime, que j'affectionne le plus au monde ; mais ce projet de marier Claire à mon ami d'Herbin, je ne l'approuve pas... Il m'a semblé à voir... c'est que je connais d'Herbin, je sais son âge... C'est un brave homme, je suis de votre avis ; il est riche, d'accord ; mais mettez d'un côté un vieux bonhomme avec de la probité et des richesses, et de l'autre côté un jeune homme de bonne mine, sans fortune et d'une probité... ordinaire, et demandez à une jeune fille lequel des deux elle préfère, et vous verrez..... Et c'est bien naturel.

Mme D'ORMENIL. Il ne s'était pas encore présenté de parti pour Claire, lorsque M. d'Herbin exposa ses jours pour préserver les miens ; il me demanda sa main. Qu'auriez-vous répondu à ma place ?

D'ORMENIL. J'aurais répondu : Monsieur, votre recherche nous honore. Je suis, quant à moi, toute disposée à vous donner ma fille ; mais il faut savoir si ma fille, que vous n'avez pas sauvée, est dans les mêmes dispositions que moi.

Mme D'ORMENIL. Voilà précisément ce que j'ai répondu.

D'ORMENIL. Ah !.. Et avez-vous consulté Claire ?

Mme D'ORMENIL. Oui.

D'ORMENIL. Eh bien ?

Mme D'ORMENIL. Elle m'a dit qu'elle serait heureuse d'être la femme d'un si honnête homme?

D'ORMENIL. L'ignorante!... heureuse avec d'Herbin, mon fac-simile! Elle ne l'a donc pas regardé!

Mme D'ORMENIL. Un cabriolet s'arrête devant la grille du jardin; c'est lui sans doute.

D'ORMENIL. C'est bien; je lui parlerai, je veux savoir...

Mme D'ORMENIL. Mon frère, dites-moi, sans arrière-pensée, que je n'ai rien perdu de votre estime, de votre amitié.

D'ORMENIL. Eh! non, certainement; je n'en veux à personne qu'à mon ami d'Herbin... Laissez-moi faire, et regardez-moi toujours comme votre meilleur ami et comme le père de vos deux filles.

Mme d'Ormenil sort par le fond.

SCENE X.

D'ORMENIL, *seul*.

Après tout, c'est une brave femme, plus à plaindre qu'à blâmer... on n'est pas le maître de son cœur; mais d'Herbin! aimer une jeune fille! de quoi se mêle-t-il? est-ce que cela nous regarde, nous autres! est-ce que l'amour, à notre âge, doit être autre chose qu'un souvenir, un souvenir confus!... La belle actualité pour une jeune personne qu'un garçon de cinquante-cinq ans passés!... Est-ce qu'il est possible de marier l'ancien régime avec le nouveau? Cela cloche toujours... Ma bonne Claire! elle pour qui j'avais rêvé un beau jeune homme, plein d'espérance et d'avenir... Pauvre Claire! je l'aime d'autant plus que je tremble qu'elle ne soit sacrifiée... Et puis elle ressemble à ma sœur que j'ai tant pleurée, moi qui ne pleure guère. Son portrait ne me quitte pas. (*Il tire un portrait de sa poche.*) Moi qui n'ai fait faire celui d'aucune autre femme!.. (*Il regarde le portrait.*) Elle avait dix-sept ans comme Claire lorsque je la fis peindre. Oui, Claire a bien cette pâleur, ce regard touchant, cette physionomie douce et triste... Elle mourut de chagrin parce qu'on lui préférait notre frère... Oh! je ne veux pas que Claire meure comme elle... je ne le veux pas!

SCENE XI.

D'HERBIN, D'ORMENIL.

D'HERBIN, *en dehors*. Que fais-tu donc?

D'ORMENIL. C'est la voix de d'Herbin. Comme je vais me moquer de lui!

D'HERBIN, *paraissant à moitié, et parlant à la cantonnade*. Introduire un cabriolet à travers des plates-bandes!.... Fais le tour.

D'ORMENIL. Il est devenu fashionable!

D'HERBIN, *en scène*. Tiens! c'est toi, ici! toi, d'Ormenil, mon vieil ami!

D'ORMENIL. En effet, ton vieil ami. Nous sommes tous deux de 1754.

D'HERBIN. Je suis enchanté de te revoir.

D'ORMENIL. Enchanté!... tu n'es pas difficile!

D'HERBIN. Mais qu'as-tu donc, mon ami? Aurais-tu emporté avec toi le mal d'outre-mer?... Je te trouve tout... je ne sais comment...

D'ORMENIL, *le toisant en riant*. Eh bien! mon ami, j'allais te dire la même chose.

D'HERBIN. Moi, triste, sombre, mélancolique! oh! que non pas! je n'ai jamais été plus gai... C'est que tu ne fais que d'arriver; c'est que tu ne sais pas...

D'ORMENIL. Je sais tout; on m'a dit le malheur qui...

D'HERBIN. Cette bonne madame d'Ormenil! Il est sûr que j'affrontai un grand danger; mais j'en fus quitte pour une contusion à la tête... Le brancard...

D'ORMENIL, *lui prenant la main*. Pauvre d'Herbin, va!

D'HERBIN. Je te dis que ce n'est rien. La cicatrice ne paraît plus.

D'ORMENIL. Oui, le mal est en-dedans; cela se voit à l'égarement de tes yeux. On ne t'aura pas saigné à temps. Il se sera fait un épanchement dans le cerveau.

D'HERBIN. Que diable dis-tu là?

D'ORMENIL, *railleur*. Est-ce qu'on te laisse sortir ainsi sans te faire surveiller?

D'HERBIN. Ah çà! est-ce que tu me prends pour un...

D'ORMENIL, *sérieux*. Mon vieil ami, parlons sérieusement.

D'HERBIN. A la bonne heure, car je veux bien mourir si je comprends rien à la singularité de ton accueil.

D'ORMENIL. Quel est le motif, dis-moi, qui me procure le plaisir de te voir ici, chez ma belle-sœur?

D'HERBIN, *suffisant et rengorgé*. Dans quinze jours, au plus tard, je t'appellerai mon oncle d'Ormenil.

D'ORMENIL. Tu ne tiens donc plus à ce que je t'appelle mon ami d'Herbin ?

D'HERBIN. L'un n'empêche pas l'autre.

D'ORMENIL. Décidément donc tu veux te marier ?

D'HERBIN. Oui, mon cher.

D'ORMENIL. A ton âge ?

D'HERBIN. Nous sommes de la même année, tu l'as dit.

D'ORMENIL. Eh bien ! est-ce que je me marie, moi ? Est-ce que j'en veux à une jeune personne ? Est-ce que je suis capable d'un trait pareil ?

D'HERBIN. Écoute-moi, mon cher : tu me connais bien peu si tu as supposé que, m'aveuglant sur mon âge, je me sois laissé prendre à un amour de jeune homme ; non, mon ami, ma raison et mon cœur sont d'accord pour ce projet de mariage. Tu sais tout ce qui se passe dans cette famille, et il n'y aura pas indiscrétion de ma part à t'en entretenir.

D'ORMENIL. Que veux-tu dire ?

D'HERBIN. Immédiatement après ton départ pour l'Angleterre, le hasard me fit rencontrer dans le monde ta belle-sœur, que j'avais beaucoup vue autrefois, du vivant de ton frère. Je fus admis dans l'intimité des réunions choisies, même dans les petits comités de famille, sans aucun projet de part ni d'autre. Seulement, après quelques visites, je me surpris, rentrant chez moi, le cœur triste et l'esprit occupé de ta nièce, de Claire. J'observai davantage, dans mes visites ultérieures, et je me convainquis que ta belle-sœur préfère Euphrosine à sa fille aînée, et que celle-ci se meurt de cette préférence. Dès ce jour l'image de Claire se grava dans mon cœur ; mais elle y fut comme l'image d'une enfant dans le cœur de son père.

D'ORMENIL, ému. Mon cher d'Herbin...

D'HERBIN. Les convenances me faisaient un devoir de fermer les yeux sur ce que je voyais, n'ayant aucun droit de contrôle, pas même de conciliation... je cherchai, je cherchai long-temps comment je pourrais venir en aide à la pauvre Claire, et je ne vis pas d'autre moyen que le mariage. Le hasard voulut que j'exposasse ma vie pour celle de Mme d'Ormenil ; et quelques jours après cet acte de courage, dont je ne me serais pas cru capable, je demandai ma récompense, la main de Claire. Mme d'Ormenil me donna son consentement... Mon ami, ta nièce est jeune, aimable, jolie, très-jolie ; mais si elle n'eût pas été malheureuse, je serais resté garçon, car cette vie-là me convient.

D'ORMENIL. Mon ami, mon cher d'Herbin, que je t'embrasse.

D'HERBIN. Eh bien ! suis-je un fou, à ton avis ?

D'ORMENIL. Tu es le meilleur des hommes ; mais dis-moi, si, en croyant faire le bonheur de Claire, tu aggravais ses peines?...Écoute, mon cher ami, regarde-moi : nous ne sommes pas fort séduisans...

D'HERBIN. Mon cher, je t'ai dit mes raisons ; si Claire n'est pas heureuse avec moi, elle ne le serait avec personne. J'ai cinquante mille livres de rente ; c'est pour elle : toilette, bijoux, bals, spectacles, voyages, elle n'aura qu'à désirer pour tout avoir.

D'ORMENIL. Tout !... oh ! tu ne doutes de rien, toi... Ah çà ! mais, dis-moi, puisque tu veux absolument faire une folie, si tu as le consentement de la mère, as-tu celui de la fille ?

D'HERBIN. Pas encore ; mais Mme d'Ormenil m'a autorisé à faire ma proposition à Claire, et c'est ce que je ferai aujourd'hui même, avant de...

D'ORMENIL. Et si Claire témoigne peu de dispositions ?

D'HERBIN. Dans ce cas, mon ami, je n'insiste pas, je reste garçon. Maintenant, à ton tour : si Claire accepte ma main, puis-je compter sur ton consentement ?

D'ORMENIL. Si elle accepte d'elle-même, sans contrainte, avec bonheur, je ne fais plus la moindre opposition.

D'HERBIN. Mon ami, tu seras mon oncle.

D'ORMENIL. Tu veux me faire peur ; mais nous verrons.

D'HERBIN. Tiens, voici un autre neveu qui t'arrive, le futur d'Euphrosine.

Saint-Charles paraît.

D'ORMENIL, *à demi-voix*. Celui-ci, très-bien. Voilà des mines de neveu, des mines de futur ; mais nous autres, nous sommes des oncles, de très-beaux oncles, mais rien que cela.

SCENE XII.

D'HERBIN, SAINT-CHARLES, D'ORMENIL.

D'HERBIN. Bonjour, mon cher monsieur Saint-Charles.

SAINT-CHARLES, *froid*. Monsieur, j'ai l'honneur de vous saluer.

D'HERBIN. Décidément tout le monde est glacé aujourd'hui. J'espère un meilleur accueil de ces dames, et je cours leur présenter mes hommages. (*Raillant.*) Messieurs, j'ai bien l'honneur...

SCÈNE XIII.

SAINT-CHARLES, D'ORMENIL.

D'ORMENIL. Monsieur, vous avez désiré me parler!...

SAINT-CHARLES. Oui, monsieur, j'ai une confidence à vous faire, une grande confidence; et je ne sais vraiment pas comment m'y prendre pour vous expliquer une conduite que l'amour seul peut excuser. Vous savez que l'amour...

D'ORMENIL, *souriant.* Je sais... j'ai su. Il en est des amours comme des mathématiques : quand on les néglige, on les oublie... Monsieur, on m'a dit que vous prétendiez à la main d'Euphrosine.

SAINT-CHARLES. C'est-à-dire...

D'ORMENIL. Depuis le jour qu'on vous a reçu dans la maison, autant qu'il m'en souvient, elle a été l'objet de vos soins, de vos prévenances.

SAINT-CHARLES. Il est vrai.

D'ORMENIL. Dans les bals, dans les soirées musicales que sa mère donnait, vous avez toujours dansé, toujours chanté avec elle.

SAINT-CHARLES. Oui, monsieur.

D'ORMENIL. Conclusion : vous l'aimez.

SAINT-CHARLES, *embarrassé.* Non, monsieur.

D'ORMENIL. Vous chantez, vous dansez avec elle, et vous ne l'aimez pas?

SAINT-CHARLES. Non, monsieur.

D'ORMENIL. Et pourquoi donc voulez-vous l'épouser?

SAINT-CHARLES. C'est que... monsieur... je ne le voudrais pas.

D'ORMENIL. Qu'est-ce que cela veut dire?

SAINT-CHARLES. Monsieur, vous avez une autre nièce.

D'ORMENIL. Oui, monsieur, que vous n'avez jamais fait danser.

SAINT-CHARLES. Il est vrai.

D'ORMENIL. Avec laquelle vous n'avez jamais chanté?

SAINT-CHARLES. Oui, monsieur.

D'ORMENIL. Conclusion : vous ne l'aimez pas.

SAINT-CHARLES. Au contraire, monsieur.

D'ORMENIL. Vous n'avez jamais chanté ni dansé avec elle, et vous l'aimez?

SAINT-CHARLES. Oh! monsieur! je serais le plus heureux des hommes si elle était ma femme.

D'ORMENIL. Ah! mon Dieu!... Mais, malheureux jeune homme, vous avez persuadé à Mme d'Ormenil que vous aimiez Euphrosine.

SAINT-CHARLES. Ce n'est pas ma faute, monsieur.

D'ORMENIL. Comment! ce n'est pas votre faute!

SAINT-CHARLES. Non, monsieur : veuillez m'écouter. Lorsque pour la première fois je me présentai dans la maison de Mme d'Ormenil, votre nièce, Claire était absente. On l'avait envoyée dans le midi de la France, chez une tante, pour y rétablir sa santé.

D'ORMENIL. Eh bien, je ne vois pas...

SAINT-CHARLES. Je ne trouvai près de sa mère que sa sœur Euphrosine. Son caractère franc et ouvert, ses qualités aimables, la considération de sa famille (*d'Ormenil s'incline*), tout cela me fit songer au mariage, à un mariage de convenance, mais où l'amour n'aurait aucune part.

D'ORMENIL. Oui, comme il s'en fait tant.

SAINT-CHARLES. Une fois ce projet formé, tout naturellement, monsieur, je fus assidu, empressé; mes intentions se révélèrent dans toute ma conduite... Lorsque, trois mois après, votre nièce Claire, que je n'avais jamais vue, revint à Paris... ah! monsieur, je ne puis vous dire ce que j'éprouvai en la voyant... Sa pâleur, sa démarche, sa physionomie touchante... les considérations de fortune et de famille disparurent... Celle-là, je sentis que je l'aimerais pour elle, rien que pour elle.

D'ORMENIL, *s'oubliant.* N'est-ce pas qu'elle est bien?

SAINT-CHARLES, *enthousiaste.* Ah! monsieur!

D'ORMENIL, *à part.* Qu'est-ce que je dis donc? (*Haut, d'un ton grave.*) Après, après, monsieur?

SAINT-CHARLES. Eh bien, monsieur, vous devinez le reste : sa tristesse, sa beauté, la délicatesse de son esprit et de son cœur, et puis un motif que je n'ose vous dire... au bout de quelques jours, je l'aimais comme un insensé; mais cet amour, j'eus soin de le cacher à tous les yeux... vous concevez mon embarras... l'honneur me faisait un devoir de ne pas changer brusquement l'objet de mes soins, de mes assiduités, et pendant un an, monsieur, si je restai près d'Euphrosine, mon cœur fut tout entier à Claire.

D'ORMENIL, *s'oubliant.* Brave jeune!.. *(se ravisant)* fou que vous êtes! et qu'espérez-vous maintenant? Vous avez dit à Mᵐᵉ d'Ormenil que vous adorez Euphrosine.

SAINT-CHARLES. Jamais, monsieur.

D'ORMENIL. Vous l'avez dit à Euphrosine.

SAINT-CHARLES. Jamais.

D'ORMENIL. Qu'importe que votre bouche n'ait point parlé, si votre conduite, si vos démarches ont produit le même effet! et que diantre voulez-vous que je fasse?

SAINT-CHARLES. On vous respecte ici, on vous aime, on vous estime, et même...

D'ORMENIL. Oui, on me craint un peu.

SAINT-CHARLES. Ne pourriez-vous pas...?

D'ORMENIL. Il faut attendre et peu à peu dissiper l'erreur de Mᵐᵉ d'Ormenil.

SAINT-CHARLES. Mais, monsieur, quand j'en serai là, on me mettra à la porte.

D'ORMENIL. Monsieur, je ne suis pas le maître de la maison... dans tous les cas, il faut attendre.

SAINT-CHARLES. Impossible, monsieur; j'ai appris hier qu'on destine Claire à ce M. d'Herbit... pardon, il est votre ami.

D'ORMENIL. Je ne le trouve pas plus beau pour cela... mais voyons : vous aimez Claire?

SAINT-CHARLES. Ah! monsieur, ne mérite-t-elle pas...?

D'ORMENIL, *s'oubliant.* A qui le dites-vous?

SAINT-CHARLES. Ah! monsieur, vous me charmez; je le savais, vous l'aimez comme un père, et c'est pourquoi, monsieur, j'ai un peu compté sur vous.

D'ORMENIL. Je ne puis m'engager à rien; mais enfin répondez-moi : Claire vous aime-t-elle?

SAINT-CHARLES. C'est-à-dire, monsieur.....

D'ORMENIL. Oh! point de vaine modestie; c'est assez compliqué comme cela. Claire vous aime-t-elle?

SAINT-CHARLES. Eh bien, monsieur, je ne serais pas éloigné de croire...

D'ORMENIL. Oui, on s'imagine volontiers ces choses-là. Vous êtes-vous déclaré à elle?

SAINT-CHARLES. Non, monsieur... mais souvent mes regards, mes manières...

D'ORMENIL. J'entends : tandis que vous dansiez et chantiez avec Euphrosine, vous faisiez les doux yeux à Claire; c'est édifiant!

SAINT-CHARLES. Et je crois qu'elle m'a compris.

D'ORMENIL. Le fait est qu'elle ne manque pas d'intelligence.

SAINT-CHARLES. Oh! oui, monsieur, un esprit, une pénétration et un cœur..... c'est un ange!

D'ORMENIL, *s'oubliant.* Un ange! oh! oui.

Reprenant un air grave.

SAINT-CHARLES. Alors, monsieur, conseillez-moi : que faut-il que je fasse?

D'ORMENIL. Il faut... je crois que vous ferez bien...

SAINT-CHARLES. Oui...

D'ORMENIL. De ne plus vous montrer ici, en prenant pour vous éloigner un prétexte honnête.

SAINT-CHARLES. Ah! monsieur, vous êtes cruel.

D'ORMENIL. Du tout, je suis embarrassé. Comment se tirer de là, sans compter qu'Euphrosine peut-être est folle de vous?

SAINT-CHARLES, *vivement.* Je vous assure qu'elle ne m'aime pas.

D'ORMENIL. Vraiment?

SAINT-CHARLES. Ma parole d'honneur!

D'ORMENIL. Eh bien, vous avez au moins ce bonheur-là.

SAINT-CHARLES. Euphrosine se marie comme tant de jeunes personnes, uniquement par imitation, parce que c'est l'usage; mais moi ou un autre jeune homme d'une famille honnête, peu lui importe, elle me l'a dit.

D'ORMENIL. Oui, monsieur, je connais votre famille, et s'il ne dépend que de moi... c'est-à-dire...

SAINT-CHARLES. Ah! monsieur, vous m'enchantez.

D'ORMENIL. Oh! la jeunesse! la jeunesse!.. c'est pourtant une belle chose.... Écoutez, monsieur Saint-Charles, je veux savoir, avant tout, si Claire vous aime, cela vous regarde... si en effet elle a compris vos regards, si elle partage vos sentimens...

SAINT-CHARLES, *vivement.* Alors, monsieur...

D'ORMENIL. Oh! n'allons pas si vite; alors, vous viendrez me le dire... voilà tout.

SAINT-CHARLES. Et... la voici.

D'ORMENIL, *entraînant Saint-Charles au fond.* Bien entendu que...

Il lui parle bas avec des gestes qui signifient : honneur, **loyauté**, *prudence, etc.*

SCENE XIV.

D'ORMENIL, SAINT-CHARLES, CLAIRE.

Claire sort de la droite, sans voir son oncle ni Saint-Charles.

CLAIRE. O mon Dieu! je ne puis retenir mes larmes, et je suis obligée de m'échapper pour les cacher à ma mère... ma mère!.. Oh! si elle eût voulu!.. mais non, j'épouserai M. d'Herbin, pour la satisfaire, pour entendre sortir de sa bouche une de ces paroles dont l'accent me consolerait de tout ; mais que Saint-Charles ignore toujours...
Elle s'assied et pleure.

D'ORMENIL, *bas à Saint-Charles.* C'est convenu... songez que ceci est très-délicat... je vais interroger Euphrosine.

SCENE XV.

SAINT-CHARLES, CLAIRE.

SAINT-CHARLES, *s'avançant avec embarras.* Mademoiselle...

CLAIRE, *prenant un ton dégagé pour mieux cacher ses sentimens.* Ah! c'est vous, monsieur... vous n'êtes pas près d'Euphrosine?

SAINT-CHARLES. Mademoiselle, nous sommes seuls... je voudrais bien vous parler.

CLAIRE, *souriant.* Seuls... c'est la première fois... mais savez-vous, monsieur, qu'un tête-à-tête avec moi est presque une infidélité faite à ma sœur?

SAINT-CHARLES. Une infidélité?

CLAIRE. Sans doute... à moins que vous ne m'appeliez comme intermédiaire dans quelque petit différend survenu entre vous, auquel cas je suis toute à votre service.

SAINT-CHARLES. Je ne saurais faire une infidélité à votre sœur.

CLAIRE. Je vous en crois incapable, je plaisantais.

SAINT-CHARLES. Oh! vous ne me comprenez pas.

CLAIRE. Je vous comprends parfaitement.

SAINT-CHARLES. Pour être infidèle à une personne, il faut l'aimer ou l'avoir aimée.

CLAIRE. Eh bien?

SAINT-CHARLES. Claire, si je n'avais jamais eu pour votre sœur que de l'estime, de l'amitié?...

CLAIRE, *à part.* Ciel!

SAINT-CHARLES. Si la nécessité m'avait forcé de sacrifier les apparences de la franchise ; si, malgré les qualités aimables de votre sœur, elle n'avait été pour moi qu'un moyen de me rapprocher d'une autre personne, de la voir chaque jour, de l'aimer en silence et de lui prouver cependant par de muets témoignages toute la violence à la fois et la délicatesse de mon amour?...

CLAIRE. Vous vous seriez joué de ma sœur, de ma mère?

SAINT-CHARLES. Ah! sans doute, votre oncle me l'a dit déjà, sans doute l'amour avait égaré ma raison lorsque je fondai mes espérances sur une conduite qui en rendait plus tard la réalisation presque impossible; mais je fus aveuglé par le bonheur présent, et je n'en désirai pas d'autre que de pouvoir contempler chaque jour les traits de celle que j'aime, et tandis que le monde me croyait occupé de votre sœur, de recueillir en secret ses gestes, ses paroles, ses regards même les plus indifférens, de parcourir, quand j'étais seul, les allées du jardin qu'elle avait parcourues, de m'asseoir à la place où elle s'était assise; d'aller, le soir, respirer son haleine sur une fleur vers laquelle je l'avais vue se pencher le matin pour en respirer le parfum.

CLAIRE. Monsieur, vous m'effrayez ; vous n'aimez pas ma sœur?

SAINT-CHARLES. Oh! vous le saviez bien.

CLAIRE. Je le savais?

SAINT-CHARLES. Claire, je suis autorisé par votre oncle à vous ouvrir mon cœur. Veuillez me laisser lire dans le vôtre. Le moment est décisif. Une vaine réserve, admise, convenable même dans des circonstances ordinaires, serait aujourd'hui funeste à tous ; je vais vous parler à cœur ouvert, je vous supplie de me répondre de même.

CLAIRE, *alarmée.* Qu'allez-vous me dire?

SAINT-CHARLES. Claire, je vous aime!

CLAIRE, *à part.* Mon Dieu, soutenez mon courage. (*Haut.*) Vous m'aimez?

SAINT-CHARLES. Oh! il n'est pas possible que vous ne vous en soyez pas aperçue, que vous n'en soyez pas convaincue.

CLAIRE. C'est un malheur, monsieur, dont je ne me doutais pas.

SAINT-CHARLES. Un malheur?

CLAIRE. Oui, monsieur ; car ma mère, d'après votre conduite, doit vous considérer comme le futur époux de ma sœur.

SAINT-CHARLES. Votre oncle m'a promis son appui, son intercession pour tout arranger, si...

CLAIRE, à part. Bon oncle! (Haut.) Cela n'est pas possible.

SAINT-CHARLES. Claire, je ne perdrais pas toute espérance, ou plutôt je serais sûr du succès si vous m'aimiez.

CLAIRE, émue. Monsieur...

SAINT-CHARLES. Oh! je vous en supplie au nom de votre oncle, qui vous aime comme sa fille ; il y va de son bonheur, du vôtre, du mien ; je vous en supplie, faites-moi connaître vos sentimens.

CLAIRE, après un effort. Monsieur Saint-Charles, je ne vous aime pas...

SAINT-CHARLES. Ciel!

CLAIRE. Cela vous étonne!

SAINT-CHARLES. Cela me désespère; car je l'avoue, il m'avait semblé...

CLAIRE. Vous vous êtes trompé.

SAINT-CHARLES. Quoi! lorsque vos regards s'arrêtaient sur moi, à la pressante sollicitation des miens, leur expression....

CLAIRE. Etait celle du plaisir.

SAINT-CHARLES, charmé. Ah!

CLAILE. J'avoue que j'en éprouvais à vous voir entrer dans ma famille, à espérer que vous feriez le bonheur d'Euphrosine, que vous rempliriez tous les vœux de ma mère.

SAINT-CHARLES. Comment! vous!...

CLAIRE. C'était, comme c'est encore, une amitié de sœur, mais, pour de l'amour, je suis fâchée de vous le dire, je n'ai jamais pensé que vous dussiez m'en inspirer.

SAINT-CHARLES. Vous en aimez donc un autre?

CLAIRE. Oui, monsieur.

SAINT-CHARLES. Il n'est pas possible que ce soit M. d'Herbin.

CLAIRE. Quoi! monsieur, il n'est pas possible que j'aime celui qui a sauvé la vie à ma mère?

SAINT-CHARLES. Et vous consentirez à l'épouser?

CLAIRE. Oui, monsieur.

SAINT-CHARLES. Avec plaisir?

CLAIRE. Avec bonheur.

SAINT-CHARLES. Vous me l'assurez?

CLAIRE. Je vous l'assure.

SAINT-CHARLES, piqué. Eh bien! je vous remercie de votre franchise ; je vais faire connaître vos sentimens à votre oncle ; et, comme il m'est impossible, sans me déshonorer, de n'être pas le gendre de Mme d'Ormenil après mes publiques assiduités dans sa maison, je vais lui demander la main d'Euphrosine.

CLAIRE. Eh bien! monsieur Saint-Charles, à la bonne heure ; vous êtes raisonnable, et mon amitié de sœur s'en augmente.

SAINT-CHARLES. Vous m'avez dit la vérité? votre parti est bien pris?

CLAIRE. Oh! bien pris.

SAINT-CHARLES. Adieu donc... (d'Herbin paraît.) Voici votre futur.

Il sort en soupirant par le fond.

CLAIRE. Qu'il soit le bien venu.

∞∞∞∞∞∞∞∞∞∞∞∞∞∞∞∞∞∞∞∞∞∞∞∞∞∞∞∞∞∞∞∞∞

SCENE XVI.

CLAIRE, D'HERBIN, *hésitant et arrangeant sa perruque.*

CLAIRE, à part. Il m'aime! il m'aime! et il faut que je le repousse! Il faut que je renonce à lui, à lui que j'.... Oh! mais je saurai tout sacrifier, oui, tout, pour plaire à ma mère.

D'HERBIN, à part. Je ne sais comment l'aborder..(*Arrangeant sa perruque.*)Et cette diablesse de... qui se dérange toujours par brevet d'invention.(*Haut.*)Mademoiselle...

CLAIRE, souriant tristement. Ah! monsieur d'Herbin...

D'HERBIN, à part. Elle a souri. (*Haut.*) Mademoiselle, madame votre mère vous a-t-elle parlé?

CLAIRE. De quoi, monsieur?

D'HERBIN. O mon Dieu, d'une personne assez peu... enfin de moi, mademoiselle.

CLAIRE. Oui, monsieur.

D'HERBIN. Seriez-vous assez bonne pour me dire ce que vous lui avez répondu à ce sujet?...

CLAIRE. Que je suis heureuse de lui obéir en toute circonstance.

D'HERBIN. Vous dites : Obéir, mademoiselle... Vous aimez votre mère... Si elle vous disait de vous jeter dans un gouffre, pour elle, vous obéiriez.

CLAIRE. Oui, monsieur.

D'HERBIN. Et c'est dans ce sens, n'est-ce pas, que vous consentiriez à m'épouser ?

CLAIRE. Oh! quelle comparaison! vous êtes un honnête homme, monsieur d'Herbin ; vous êtes l'intime ami de mon oncle, je ne vois pas pourquoi...

D'HERBIN. Comment, mademoiselle! vous consentiriez sans peine?...

CLAIRE. Oui, monsieur.

D'HERBIN. Sans peine et sans plaisir?

CLAIRE. Je ne dis pas cela.

D'HERBIN, *enchanté*. Ah! mademoiselle! Mais en me parlant ainsi vos traits ont l'expression...

CLAIRE, *souriant*. De la souffrance peut-être... Vous savez que depuis quelque temps je ne suis pas bien; mais ne prenez pas pour un mauvais accueil d'une proposition qui m'honore l'expression d'une douleur physique qu'il m'est impossible de dissimuler.

D'HERBIN. Et, là, parlez-moi franchement, parce que je ne voudrais pas d'un bonheur qui vous coûtât le vôtre : seriez-vous heureuse de me rendre le plus heureux des hommes!

CLAIRE. Oui, monsieur, je vous l'assure.

D'HERBIN. Je puis donc aller dire à votre mère et à votre oncle que vous agréez la main du vieux d'Herbin.

CLAIRE. Oui, de M. d'Herbin.

D'HERBIN, *à part*. J'ai eu tort de lui dire vieux, peut-être ne me voit-elle pas ainsi. (*Haut*.) Mademoiselle, je vous remercie du plus profond de mon ame, et vous n'aurez point à vous repentir de votre bonne volonté pour moi.

CLAIRE. J'en suis sûre.

D'HERBIN. A revoir, bonne Claire.

CLAIRE. A revoir, monsieur.

D'HERBIN, *courant, à part*. L'amour donne des jambes.

SCENE XVII.

CLAIRE, *seule*.

Oh! je souffre! je souffre! mais c'est pour elle, c'est pour ma mère... Et puis, je ne souffrirai pas long-temps, oh! non, pas long-temps... C'était pourtant bien naturel, si ma mère eût voulu ; si Saint-Charles eût pu venir à moi comme il est allé à ma sœur... Lui aussi il sera malheureux, et cette pensée me déchire. (*A part*.) Mon oncle?

SCENE XVIII.

D'HERBIN, D'ORMÉNIL, CLAIRE.

D'HERBIN, *amenant d'Ormenil*. Mademoiselle, voici votre oncle qui ne veut pas me croire. Dites-lui la vérité.

D'ORMENIL, *à Claire*. Ma bonne Claire, mon ami d'Herbin vient de dire devant moi à ta mère que tu consens à l'épouser? Est-ce vrai? est-ce possible?

CLAIRE, *souriant*. Mais oui, mon oncle, qu'y a-t-il là de si extraordinaire?

D'HERBIN. Au fait!

D'ORMENIL, *à Claire*. Tu consens de ton propre mouvement?

CLAIRE. Sans doute.

D'HERBIN, *répétant*. Sans doute.

D'ORMENIL. Avec plaisir?

CLAIRE. Oui, mon oncle.

D'HERBIN. Oui, mon oncle.

D'ORMENIL. Tu l'aimes donc?

CLAIRE. Oui, mon oncle.

D'HERBIN. Oui, mon oncle.

D'ORMENIL, *bas à d'Herbin*. Elle a un singulier goût. (*Haut*.) Allons, c'est bien, ma nièce, puisque cette union te plaît.... du reste, d'Herbin est un brave homme, doux, sensible... d'ailleurs, je le surveillerai, et s'il ne te rend pas heureuse...

D'HERBIN, *lui prenant la main*. Demeure avec nous, et tu verras.

SCENE XIX.

D'HERBIN, D'ORMENIL, EUPHROSINE, Mme D'ORMENIL, CLAIRE, SAINT-CHARLES, *puis* GERMAIN.

Mme D'ORMENIL. Allons, mes enfans, mes amis, voilà qui est décidé, à demain! (*A Claire*.) Claire, je suis contente.

CLAIRE, *saisissant la main de sa mère*. Ah! ma mère!

Mme D'ORMENIL. Saint-Charles, je vous recommande le bonheur d'Euphrosine... Monsieur d'Herbin.

D'HERBIN. Ah! je jure...

GERMAIN. Madame est servie.

SAINT-CHARLES, *bas à Claire*. Vous l'avez voulu!

CLAIRE, *à part*. C'est ma mère.

D'ORMENIL, *à d'Herbin*. Songe à marcher droit quand tu seras mon neveu.

FIN DU PREMIER ACTE.

ACTE DEUXIEME.

Même décor.

SCENE PREMIERE.

JULIENNE, GERMAIN.

JULIENNE, *appelant*. Germain?
GERMAIN. Ma femme?
JULIENNE. As-tu attelé?
GERMAIN. Oui, ma femme.
JULIENNE, *soupirant*. C'est donc fini... ah!
GERMAIN. Tu soupires, parce que je viens d'atteler?
JULIENNE. Germain, que te disais-je hier?
GERMAIN. Tu me disais...
JULIENNE. Que le mariage d'Euphrosine avec M. Saint-Charles tuerait ma pauvre Claire.
GERMAIN. Tiens! moi, je croyais qu'on ne pouvait mourir que de son propre mariage.
JULIENNE. On va partir pour la campagne de madame, pour Auteuil qu'habite son notaire; on doit y passer le contrat de mariage d'Euphrosine et de M. Saint-Charles; tous les amis de la famille se réuniront là... après le contrat, il y aura fête, et je remarque que Claire est aujourd'hui plus pâle que jamais.
GERMAIN. Ah! bah! tu te fais des idées! M. Bénard, ce médecin célèbre, qui est plus savant que toi, dit qu'il ne comprend rien à la langueur de Mlle Claire, et tu veux la comprendre, toi!
JULIENNE. M. Bénard, qui m'a interrogée plusieurs fois, sait aussi bien que moi ce qui guérirait cette bonne Claire.
GERMAIN. Ah! et quoi donc?
JULIENNE. L'amour de sa mère... mais tu ne vois rien, toi, tu es si peu sensible!
GERMAIN. C'est pour cela que je me porte bien; il me semble d'ailleurs que depuis hier madame ne fait aucune différence entre ses deux filles; on dirait même qu'elle est plus caressante pour Mlle Claire.
JULIENNE. Oui, parce qu'elle a consenti à épouser M. d'Herbin.
GERMAIN. Chut! voici mademoiselle.

SCENE II.

CLAIRE, GERMAIN, JULIENNE.

CLAIRE. Germain, mon ami, va faire approcher les voitures du péristyle, et toi, Julienne, préviens mon oncle que nous sommes prêtes.
Germain sort par le fond.
JULIENNE. Tu iras donc à Auteuil, toi aussi?
CLAIRE. Sans doute, je viens de m'habiller pour cela... (*Souriant.*) Tu ne vois pas? j'ai mis une de mes robes de fête.
JULIENNE. C'est que tu me parais bien souffrante aujourd'hui.
CLAIRE. Oui, c'est vrai, mais j'y suis habituée.
JULIENNE, *émue*. Toi, que j'ai vue si gaie, si enjouée, quand j'étais chargée seule de ton bonheur.
CLAIRE. Ma bonne Julienne...
JULIENNE, *plus émue*. Ah! je voudrais qu'on t'eût laissée toujours près de moi, dans mon village; tu n'aurais été qu'une pauvre paysanne, mais qu'importe?.... tu aurais été heureuse, et le bonheur vaut mieux que la fortune et qu'une éducation brillante.
CLAIRE. Va, Julienne, je sens que je n'ai pas long-temps à souffrir.
JULIENNE. Oh! ne me dis pas cela, ma fille; du courage, ma bonne Claire... tout n'est pas désespéré: si c'est ton mariage avec M. d'Herbin qui t'afflige, eh bien! il peut n'avoir pas lieu, il n'est pas fait encore... ton extrait de naissance, il n'est pas facile

de se le procurer, il faudra du temps, et encore je ne sais pas si... car tu es née à une époque où tout était bouleversé ; on tuait bien du monde, on brûlait les enfans... dans les registres de l'état civil ; et ta naissance a été accompagnée de circonstances...

CLAIRE. Oui, je sais tout, mon oncle m'a raconté...

JULIENNE. Et puis, l'état de ta santé ne permet pas que ton union avec M. d'Herbin ait lieu aujourd'hui, en même temps que celle de ta sœur avec M. Saint-Charles, et ta mère elle-même a consenti qu'elle fût renvoyée à un mois.

CLAIRE, *à part.* Saint-Charles ! (*Haut.*) Ne parlons plus de cela ; va dire à mon oncle qu'on n'attend plus que lui.

JULIENNE. Oui, oui, j'y vais ; mais bannis toutes ces idées tristes... j'ai le pressentiment qu'un jour tu seras heureuse, et mes pressentimens ne m'ont jamais trompée.

Elle sort par le fond.

SCENE III.

CLAIRE, Mme D'ORMENIL.

Mme D'ORMENIL. Eh bien, ma fille, es-tu mieux ce matin ?

CLAIRE, *se contraignant.* Oh ! beaucoup mieux, ma mère.

Mme D'ORMENIL. Oui; allons, du courage, plus de tristesse, plus de solitude; le mariage de ta sœur te distraira en attendant le tien.

CLAIRE, *tombant sur un fauteuil.* Oui, ma mère.

Mme D'ORMENIL. Ah ! mon Dieu ! mais qu'as-tu donc ? te sentirais-tu plus faible ?

CLAIRE. Non, ce n'est rien.

Mme D'ORMENIL. Rien? tu ne souffres pas au moins?

CLAIRE. Non, ma mère, c'est la fatigue, le tracas de tous les préparatifs du mariage de ma sœur... ces visites, ces courses.... tout cela... (*Souriant tristement.*) Le plaisir a aussi son inconvénient.

Mme D'ORMENIL. Oui, mais ce n'est pas dangereux, tu me rassures... te tu viendras, n'est-ce pas, avec nous à Auteuil ?... il faut bien que tu signes au contrat de mariage de ta sœur.

CLAIRE. Certainement, ma mère.

Mme D'ORMENIL, *la prenant par le bras pour l'aider à se remettre debout.* Allons, viens, ma fille.

CLAIRE, *faisant des efforts impuissans.* Oui, oui, ma mère.

Mme D'ORMENIL. O mon Dieu ! ma fille !.. mais qu'as-tu ? dis-le-moi... tu souffres donc bien ?

CLAIRE. Horriblement, ma mère !

Mme D'ORMENIL, *appelant.* Oh ! quelqu'un ! Julienne !

SCENE IV.

D'ORMENIL, CLAIRE, Mme D'ORMENIL.

D'ORMENIL. Me voici, je suis prêt.

Mme D'ORMENIL. Ah ! mon frère, venez ; Claire...

D'ORMENIL. Qu'y a-t-il ?

Mme D'ORMENIL. Elle vient de tomber en faiblesse !

D'ORMENIL. Ciel !... Ma sœur, dans l'état où se trouve Claire, il faut remettre à un autre jour le départ pour Auteuil, et la signature du contrat... il ne serait pas convenable...

Mme D'ORMENIL, *contrariée visiblement.* Sans doute... ma pauvre fille... c'est désolant... tous nos amis qui sont déjà partis...

D'ORMENIL. Il le faut !

Mme D'ORMENIL. C'est mon avis ; mais si nous avions prévu...

D'ORMENIL, *à Claire, le ton un peu colère.* Pourquoi aussi, toi, ma nièce, n'as-tu pas dit cela, hier, ce matin ?.. pourquoi as-tu dissimulé ton état ?.. Oh ! les femmes ! les femmes !..... vous êtes toutes ridiculement discrètes, et puis, vous avez la prétention des sacrifices, du dévouement pour des bagatelles... je vous demande un peu s'il n'était pas tout simple de dire que tu es malade, que tu souffres !... on aurait envoyé promener les invités.

Mme D'ORMENIL. Je vais faire prévenir...

D'ORMENIL. Oui, oui, allez... (*A Claire.*) Et toi, ma fille, du courage ; nous restons, nous ne partons pas ; nous renverrons la signature du contrat.... tu iras avec Julienne faire un tour de jardin, tandis que nous irons, nous...

Mme D'ORMENIL. Oui, oui, ma fille.

D'ORMENIL, *soulevant Claire, qui ne peut se remettre debout.* Ah ! mon Dieu ! mon Dieu !.. tu ne veux pas avoir du courage ? tu veux faire mourir le frère de ton père...

CLAIRE, *se relevant sur ce mot.* Mourir !.. non, non, je suis mieux,... je suis bien.

SCENE V.

D'ORMENIL, CLAIRE, Mme D'ORME-
NIL, JULIENNE, GERMAIN

GERMAIN. Les voitures sont prêtes.

Mme D'ORMENIL. Ma fille souffre, tout est remis. Je vais écrire à Auteuil, envoyer quelqu'un, pour faire savoir à nos amis le contre-temps, le malheur qui nous arrive... je... Julienne, conduis Claire au jardin, j'irai bientôt vous rejoindre.

Elle sort témoignant une mauvaise humeur très-marquée.

CLAIRE, *à d'Ormenil*. Ah! mon oncle, que vous êtes bon!

Julienne, en soutenant Claire, sort avec elle par la gauche.

D'ORMENIL, *à Germain*. Le docteur Bénard est-il là?

GERMAIN. Il est au salon avec la compagnie.

D'ORMENIL. Dis-lui que je désire lui parler ici, à l'instant.

GERMAIN. Oui, monsieur.

SCENE VI.

D'ORMENIL, *seul*.

Je ne sais plus que penser!.. cette subite faiblesse au moment du départ pour la signature du contrat de mariage de sa sœur... Aimerait-elle Saint-Charles? mais depuis hier je n'ai pas cessé de la questionner... elle me répond qu'elle est charmée de tout ce qui se fait... Aurait-elle pour d'Herbin une aversion qu'elle ne veut pas avouer?..

SCENE VII.

LE DOCTEUR, D'ORMENIL.

LE DOCTEUR. Mon ami, Germain vient de me dire...

D'ORMENIL. Pardon, mon cher docteur, si je vous ai fait prier de venir me trouver ici. Je désire avoir avec vous un entretien particulier. Depuis long-temps, depuis hier surtout, ma nièce Claire souffre et languit. Son état m'alarme; mais il est possible que mon amitié pour elle, mon ignorance m'exagèrent le danger de cet état; et voilà pourquoi je désire vous consulter et savoir de vous ce que je dois espérer ou craindre.

LE DOCTEUR. Quand je fus appelé, il y a un an, pour donner des soins à Mme d'Ormenil, gravement malade, la santé de sa fille aînée m'inspira de vives inquiétudes. Aussi je recommandai formellement qu'elle cessât de veiller près de sa mère; mais votre nièce ne tint pas compte de mes conseils pressans, et très-souvent, à une heure avancée de la nuit, lorsque je venais voir sa mère dans la plus forte crise de sa maladie, je trouvais toujours cette enfant près d'elle. Enfin j'ai su par Julienne que, pendant les trois mois qu'a duré la maladie de Mme d'Ormenil, sa fille, sa fille aînée, mon ami, n'a presque pas quitté le chevet du lit de sa mère.

D'ORMENIL. Oui, je savais...

LE DOCTEUR. Quand Mme d'Ormenil fut complètement guérie, sa fille tomba dans cet état de faiblesse et de langueur qui ne fait qu'empirer tous les jours. D'abord j'attaquai le désordre physique que la fatigue et l'insomnie avaient occasioné; mais, depuis quelque temps, je me suis aperçu qu'une cause morale fournit des alimens à ce mal contre lequel luttent faiblement les ressources de l'art..... mais les organes s'usent, s'affaiblissent... Mon ami, faut-il vous dire la vérité?

D'ORMENIL. Parlez, parlez; il le faut, je dois tout savoir.

LE DOCTEUR. Votre nièce se meurt de trois causes : du mariage de sa sœur avec M. Saint-Charles qu'elle aime; de son mariage à elle avec M. d'Herbin qu'elle n'aime pas; et enfin la cause capitale de son état presque désespéré, c'est la préférence marquée de sa mère pour sa sœur.

D'ORMENIL. Et vous ne voyez aucun remède?...

LE DOCTEUR. Aucun.

D'ORMENIL. Si je l'emmenais avec moi faire un long voyage en Suisse, en Italie?...

LE DOCTEUR. Un voyage ne produirait rien. Votre nièce a une de ces ames où les impressions restent profondément gravées. Les moyens employés sur les ames vulgaires pour les distraire de leur mélancolie seraient ici tout-à-fait impuissans. Ajoutez à cela, mon ami, que la raison lui dit que son cœur n'est point ulcéré d'une chimère.

D'ORMENIL. Je m'engage bien à obtenir de Mme d'Ormenil que les deux mariages soient ajournés jusqu'au parfait rétablissement de Claire, et, en même temps, je dirai à ma nièce que je me fais fort de les rendre plus tard impossibles. Pensez-vous que si je parviens à lui persuader...?

LE DOCTEUR. Ce sera sans doute un adoucissement à ses peines pour quelques jours, et c'est une ressource à ne pas négliger ; mais, bientôt après, son ame se prendra tout entière au poignant chagrin de n'être pas aimée de sa mère autant que sa sœur. Sa douleur aura moins d'objets, mais non pas moins d'intensité ; car, je vous le répète, votre nièce se meurt de l'indifférence de sa mère.

D'ORMENIL. Vous me désespérez. Que faire ?

LE DOCTEUR. Je sais bien le résultat qu'il faudrait obtenir ; mais comment l'obtenir ?... voilà ce que j'ignore. Comment tromper votre nièce, par exemple ? comment lui faire accroire qu'elle est dans l'erreur et que sa mère l'aime autant qu'elle aime Euphrosine ? ou bien comment parvenir à la rendre indifférente à cette préférence de sa mère pour sa sœur ?

D'ORMENIL. Et vous pensez que si on n'obtient pas ce résultat...?

LE DOCTEUR. Perdue, perdue ; et je déclare désormais mon art et mon zèle tout-à-fait impuissans.

Il salue.

D'ORMENIL. Quoi, mon ami, vous me laissez !..

LE DOCTEUR. Il faut que je revoie votre nièce... que je l'interroge... que je réfléchisse encore si..... (*Lui prenant la main.*) Mon ami, vous avez pour Claire une bien tendre affection ; mais je vous assure que mon cœur n'est pas moins navré que le vôtre, et que vous ne seriez pas plus heureux que moi si j'avais trouvé un moyen de la sauver.

Il sort par le jardin.

SCENE VIII.

D'ORMENIL, *seul, agité.*

Perdue !... perdue !.. et c'est sa mère... ah ! si je n'écoutais... et Euphrosine qui n'a pour Saint-Charles que de l'indifférence et qui pourtant l'épouse... et l'autre, ce Saint-Charles qui aime Claire et qui consent à épouser sa sœur... et d'Herbin, mon ami d'Herbin qui se jette sur un cheval emporté, qui a du courage une fois en sa vie, et qui ensuite veut épouser une jeune fille.... Ah ! morbleu, ils vont m'entendre... Perdue !... oh je ne ménage plus rien... ils disent tous que je suis brutal.... que je parle trop haut... Ah ! ah ! ils n'ont rien vu, ils n'ont rien entendu. En voici deux, commencons.

SCENE IX.

EUPHROSINE, D'ORMENIL, SAINT-CHARLES.

EUPHROSINE. Pourquoi ne part-on pas encore, mon oncle ?

D'ORMENIL, *se mettant en train.* Pourquoi ? pourquoi ?

EUPHROSINE. Ah ! mon Dieu ! vous me faites peur.

D'ORMENIL. C'est bien mon intention.

EUPHROSINE. Qu'est-il arrivé ?

D'ORMENIL, *résolument.* Ma nièce, et vous, monsieur, répondez-moi avec franchise, sans réticence, sans aucun de ces ménagemens hypocrites dont on se sert dans le monde ou au théâtre pour faire passer une situation difficile. Faites comme moi. (*Très-fort.*) Ma nièce, si ta sœur voyait avec un profond chagrin ton mariage avec M. Saint-Charles?..

SAINT-CHARLES. Que voulez-vous dire ?

D'ORMENIL. Si monsieur Charles et Claire avaient conçu l'un pour l'autre...

SAINT-CHARLES. Quoi ! Claire...?

EUPHROSINE. Quoi ! monsieur Saint-Charles ?..

D'ORMENIL, *très-fort.* Ta sœur est perdue si monsieur Saint-Charles est ton mari.

SAINT-CHARLES, *sans réflexion.* Moi aussi, monsieur.

Il s'excuse par geste.

D'ORMENIL. Très-bien. J'aime cette franchise.

EUPHROSINE, *à Saint-Charles.* Comment ! vous aussi vous êtes perdu si vous m'épousez ?

D'ORMENIL. Ma nièce, ma bonne Euphrosine, ouvre-moi ton cœur. Tu n'aimes pas monsieur Saint-Charles, n'est-il pas vrai ?

EUPHROSINE. Après le compliment qu'il vient de me faire...

D'ORMENIL. Tu as bien raison. Ainsi tu ne l'aimes pas ?

EUPHROSINE. Non, mon oncle ; et monsieur sait bien ce que je lui ai dit il y a quelques jours.

D'ORMENIL, *à Saint-Charles.* Charmante enfant ! elle ne vous aime pas, elle ne peut pas vous souffrir.(*A Euphrosine.*) Sois tranquille, tu ne te marieras pas avec lui. Je te trouverai mieux que cela. (*A Saint-Charles.*) C'est-à-dire non..... pardon... pardon. (*A Euphrosine.*) Je sais que tu aimes l'habit militaire ; je t'en ferai épouser un.

EUPHROSINE. Un habit militaire ?

D'ORMENIL. Un jeune homme qui le porte à ravir, un officier de lanciers, mon cousin, vingt-cinq ans, pianiste, romantique, pacifique ; un jeune homme charmant.

EUPHROSINE. Puisque vous me parlez ainsi, mon oncle, je déclare que j'épousais monsieur Saint-Charles parce que ce mariage convenait à ma mère, parce que la famille de monsieur est très-honorable, voilà tout ; mais pour de l'amour...

SAINT-CHARLES. C'est comme moi, mademoiselle.

EUPHROSINE. Il suffit, du reste, que ma bonne sœur soit heureuse de cette rupture pour que je m'empresse de la demander.

D'ORMENIL, *vivement*. Non, non, pas encore. C'est un ajournement qu'il faut demander. S'il était question d'une rupture, ta mère peut-être s'emporterait, et Claire... gagnons du temps, c'est tout ce que je veux.

EUPHROSINE. C'est bien mon oncle.

D'ORMENIL. Quant à d'Herbin...

SAINT-CHARLES. M. d'Herbin ? oh ! je me charge de lui parler... de lui dire...

D'ORMENIL. Vous êtes tous bien aimables ; ne pas s'aimer, comme c'est rangé !.. Il faut que je vous embrasse.

SAINT-CHARLES. Oh ! de grand cœur !

EUPHROSINE. Maintenant je vais joindre ma sœur au jardin.

D'ORMENIL. Et moi je vais aller trouver ta mère et je ne lui demanderai que ce qu'il faut obtenir pour le moment. (*A Saint-Charles.*) Vous, monsieur, chargez-vous de M. d'Herbin.

SCÈNE X.

SAINT-CHARLES, *seul*.

Elle m'aime ! mon cœur ne m'avait donc pas trompé. Digne oncle ! voilà un excellent homme ! un homme de résolution ! Oh ! maintenant que nous avons son appui, nous triompherons de tous les obstacles. Vienne M. d'Herbin, j'aborderai franchement la question.

SCÈNE XI.

SAINT-CHARLES, D'HERBIN, *deux grandes boîtes sous le bras, avec un écrin.*

D'HERBIN. Ah ! ah ! bonjour, beau-frère. J'arrive... je suis prêt.... partons-nous pour Auteuil ?

SAINT-CHARLES, *sérieux*. Monsieur d'Herbin ?

D'HERBIN. Mon jeune ami ? Vous est-il arrivé quelque chose ? je vous trouve l'air sombre, préoccupé... Ah ! pardon, mon ami, pardon de ma folle joie que mon bonheur prochain ne me permet pas de dissimuler. J'aime Claire, je l'aime ! Au commencement, je ne croyais pas que cela pût aller aussi loin. Ce n'était d'abord que de l'estime, de l'amitié ; aujourd'hui il me semble bien que c'est de l'amour, un amour plein d'impatience, de pétulance. Après tout, c'est le cœur qui fait l'âge, et si j'en juge par la chaleur du mien, mon cher ami, j'ai vingt-cinq ans comme vous.

SAINT-CHARLES. Ah ! monsieur, je suis désolé de ce que vous me dites là.

D'HERBIN. Désolé ? et pourquoi ?

SAINT-CHARLES. Parce que j'aurais mieux aimé vous trouver calme, paisible, indifférent.

D'HERBIN. C'est-à-dire que vous aimeriez mieux un beau-frère qui gardât la chambre, qui ne sortît pas de son fauteuil ?

SAINT-CHARLES. Non ce n'est pas cela, monsieur. Personne plus que moi ne s'intéresse à votre santé, et je suis charmé de la voir florissante.

D'HERBIN. Vous êtes charmé et désolé ?

SAINT-CHARLES. C'est que je ne sais vraiment pas... c'est que j'ai à vous dire...

D'HERBIN. Ah ! mon Dieu ! est-ce qu'il serait arrivé à Claire... ? est-ce qu'elle serait malade ?

SAINT-CHARLES. Monsieur, j'éprouve un embarras...

D'HERBIN. De grâce, monsieur, plus de ménagemens ; je veux tout savoir, dites-moi tout.

SAINT-CHARLES. C'est que je crains...

D'HERBIN. Ne craignez rien. Votre hésitation m'est plus cruelle qu'un aveu brutal de la vérité, quelle qu'elle soit.

SAINT-CHARLES. Vous le voulez ?

D'HERBIN. Je vous le demande en grâce.

SAINT-CHARLES. Eh bien ! monsieur, Claire...

D'HERBIN. Claire ?

SAINT-CHARLES. Elle est morte...

D'HERBIN. Morte !
SAINT-CHARLES. Oui, morte, si vous l'épousez.
D'HERBIN. Si je l'épouse !
SAINT-CHARLES. C'est l'arrêt du médecin.
D'HERBIN. Du médecin ?
SAINT-CHARLES. C'est ce que vient de me dire votre ami, M. d'Ormenil.
D'HERBIN. De quoi se mêle ce médecin ? pour qui me prend-il ? où a-t-il vu que ma personne fût si dangereuse ?
SAINT-CHARLES. Ah! monsieur, c'est que vous ignorez...
D'HERBIN. Il y a encore autre chose ?
SAINT-CHARLES. Monsieur, vouz voulez tout savoir; je vous dirai tout. Depuis long-temps j'aime Claire.
D'HERBIN. Ah! vous aimez?... et le médecin ne trouve pas que vous soyez aussi dangereux que moi?
SAINT-CHARLES. Alors, monsieur, vous comprenez...
D'HERBIN. Mais si vous aimez Claire, Claire ne vous aime pas.
SAINT-CHARLES. C'est parce que nous nous aimons que...
D'HERBIN. Et vous alliez épouser sa sœur?
SAINT-CHARLES. On vous dira... on vous expliquera plus tard..... oh! monsieur d'Herbin, vous êtes bon, vous êtes sensible; j'ai deviné quel motif généreux vous a déterminé à rechercher la main de Claire ; vous vouliez la dédommager des fâcheuses dispositions de sa mère pour elle... vous vouliez, en un mot, son bonheur. Eh bien! elle serait malheureuse avec vous.
D'HERBIN. Je vous suis obligé.
SAINT-CHARLES. Oh! monsieur, ne prenez pas mes paroles en mauvaise part. Vous savez combien Claire vous estime, vous aime et vous honore.... vous êtes un père pour elle.
D'HERBIN. Un père, un père... mais enfin que ne m'a-t-elle dit tout d'abord...?
SAINT-CHARLES. C'était pour plaire à sa mère.
D'HERBIN. Me laisser m'habituer à cette idée-là ! C'est vrai... je m'étais arrangé un bonheur... je me voyais près d'une femme charmante, environné de... (*Il désigne d'abord de petits enfans; puis, élevant les mains, il désigne de grandes personnes*) de parens estimables, et puis voilà que tout-à-coup il faut renoncer...
SAINT-CHARLES. Ah! monsieur, vous renoncez...
D'HERBIN. Eh! que diable! ce n'était pas pour la faire mourir que je voulais l'épouser... c'était pour faire son bonheur ; mais, puisqu'il paraît qu'on m'en juge incapable... quoi qu'il m'en coûte de renoncer à des idées... j'aime mieux la voir heureuse avec un autre que morte avec moi.
SAINT-CHARLES. Ah! monsieur d'Herbin! mon cher monsieur d'Herbin !
D'HERBIN. Oh! ne me remerciez pas. C'est que je ne peux pas faire autrement. Du reste, me promettez-vous de la rendre bien heureuse ?
SAINT-CHARLES. Je vous le jure.
D'HERBIN. Eh bien! voilà au fond ce que je voulais. Cependant j'aurais mieux aimé que le bonheur lui vînt de moi, parce qu'il m'en serait revenu quelque chose. Enfin je vais trouver sa mère, lui dire.....
SAINT-CHARLES. Non, rien encore. Il ne faut pas que Mme d'Ormenil se doute.... c'est l'intention de son frère, de votre ami.
D'HERBIN, *désignant les boîtes et l'écrin*. Et moi qui suis venu avec de des cadeaux.... allons, il faut bien en prendre son parti. L'état de vieux garçon est un état de sacrifice.

Il sortent par le fond, Saint-Charles témoignant toute sa joie et d'Herbin un peu de mauvaise humeur.

SCENE XII.

D'ORMENIL, LE DOCTEUR.

Ils viennent du jardin.

D'ORMENIL. Eh bien ! mon ami, maintenant que Claire n'est plus là, que nous sommes seuls, dites-moi si vous avez trouvé... ?
LE DOCTEUR. Hélas! non, et je ne viens que pour vous engager à faire l'essai d'un voyage et pour vous laisser par écrit quelques prescriptions.

Il se met devant la table et prend une plume.

D'ORMENIL. Et vous n'espérez pas?...
LE DOCTEUR. Ce qu'il faudrait, ce serait guérir la blessure faite à un amour-propre légitime, à un sentiment naturel de susceptibilité, et, je vous le répète avec douleur, je ne vois rien, je ne trouve rien.
D'ORMENIL. Elle qui me tenait lieu d'enfant,... elle que j'aime plus que tout au monde.... ah ! je vous le dis, si elle vient à... c'est fait de moi... je ne lui survivrai pas.
LE DOCTEUR. Allons, allons, du courage... j'ai dû vous dire la vérité tout entière. C'était le seul moyen d'éveiller

votre sollicitude et de vous mettre sur la voie de trouver quelque...

D'ORMENIL. Et que voulez-vous que j'imagine, lorsque vous-même, un savant...

LE DOCTEUR. La science est bien stérile!

D'ORMENIL. Moi qui aurais été si heureux de la voir heureuse ; moi qui ne me suis pas marié exprès pour elle... Ah! malédiction! La voir ainsi mourir sans secours, sans... Ah! pourquoi faut-il que cette femme soit sa mère!

LE DOCTEUR, *cessant d'écrire et regardant d'Ormenil.* Que dit-il?

D'ORMENIL. Oui, mon ami, Claire ne serait pas dans cet état désespéré si elle était tout-à-fait orpheline ; car alors j'aurais seul des droits sur elle ; c'est à moi seul qu'elle demanderait de l'amour, et vous savez... vous savez si je l'aime !

LE DOCTEUR, *se levant brusquement.* Quelle idée! mon ami, mon cher d'Ormenil, si l'on parvenait.... Oui, cela est facile... Les circonstances qui ont accompagné la naissance de Claire ont fait croire à beaucoup de personnes... et vous savez qu'avant d'avoir été détrompé par vous, je je l'ai cru moi-même... Oui, oui, et plutôt que de la laisser mourir....

D'ORMENIL. Cher docteur !

LE DOCTEUR. Et ce moyen, ce n'est pas la science, c'est votre désespoir qui me l'a inspiré.

D'ORMENIL, *lui saisissant la main avec transport.* Ah!

LE DOCTEUR. Écoutez-moi bien.

D'ORMENIL. Oh! je vous écoute....

LE DOCTEUR, *articulant bien.* C'est dans les premiers jours de 93, n'est-il pas vrai, que madame d'Ormenil, à cette époque jeune orpheline, par suite des désordres de ce temps-là, se trouva tout-à-coup seule, ses protecteurs ayant passé la frontière ou gémissant dans les prisons ?

D'ORMENIL. Oui, oui.

LE DOCTEUR. Ce fut alors, n'est-ce pas, que votre frère, poursuivi lui-même, au lieu de fuir, resta caché en France, et bravant les dangers qui menaçaient sa tête, prit sous sa protection la jeune orpheline qu'il aimait ?

D'ORMENIL. Oui, ah! c'était un homme de cœur.

LE DOCTEUR. Et pour que la jeune fille pût accepter sa protection sans honte et sans crainte, il l'épousa ?

D'ORMENIL. Oui ; mais la publicité du mariage civil eût fait découvrir sa retraite. Alors la religion seule consacra leur union, et un prêtre en secret...

LE DOCTEUR. C'est bien.

D'ORMENIL. Avant la fin de 93, madame d'Ormenil avait donné le jour à Claire.

LE DOCTEUR. Ils furent obligés de se séparer ?

D'ORMENIL. Oui : un traître avait dénoncé mon frère... son asile fut brusquement envahi... il n'eut que le temps de confier sa femme malade à un ami dévoué. Quant à lui, il prit sa fille, se réfugia dans un village, la recommanda aux soins de cette bonne Julienne, et, sa trace étant suivie, il fut obligé de chercher une retraite chez l'étranger et de vivre loin de son enfant et de sa femme.

LE DOCTEUR. Et ce ne fut, n'est-ce pas, que trois ans après cette séparation qu'ils furent réunis tous les trois, et qu'un officier de l'état civil ajouta la sanction légale à la bénédiction du prêtre, et consacra les droits de Claire comme fille de votre frère et de mademoiselle de Montréal ?

D'ORMENIL. Oui, c'est bien cela.

LE DOCTEUR. Et Claire, votre nièce, connaît cette histoire ?

D'ORMENIL. Je la lui ai racontée plusieurs fois.

LE DOCTEUR, *vivement.* Eh bien! mon ami, dans un cas comme celui-ci, où il y va de la vie de votre nièce, vous ne devez pas hésiter à lui faire un pieux mensonge, quitte à la désabuser plus tard, quand d'autres affections lui auront fait oublier... Dites-lui donc que son père, avant d'épouser mademoiselle de Montréal, avait aimé.....

D'ORMENIL. C'est bien, je vous comprends.

LE DOCTEUR, *rapidement.* Du reste, voyez, interrogez-la d'abord. Proposez-lui un voyage pour la distraire, promettez-lui même que plus tard Saint-Charles sera son époux. Si vous la voyez heureuse de cette proposition et de cette espérance, ajournez l'emploi du moyen que je viens de vous indiquer. Si, au contraire, vous la trouvez toujours préoccupée de la fatale idée qui la tue, ne balancez pas !

D'ORMENIL, *rapidement.* Et vous pensez qu'alors elle est sauvée ?

LE DOCTEUR. Sauvée.

D'ORMENIL. Ah! docteur, comptez sur mon éternelle reconnaissance.

SCÈNE XIII.

D'ORMENIL, *seul.*

Oui, oui, il a raison... En disant à Claire de ne confier à personne ce prétendu secret que la nécessité me force de lui révéler, je suis sûr... (*Il rêve.*) Oui, c'est cela... Mon frère... un amour... puis une adoption, cela explique tout naturellement... Je tiens ma fable! je tiens.... (*Ici Claire sort du jardin et se dirige vers sa chambre.*) Mais je dois m'assurer d'abord...

Apercevant Claire.

SCÈNE XIV.

D'ORMENIL, CLAIRE.

D'ORMENIL. Eh bien, mon enfant, tu persistes dans ta tristesse? il me semble pourtant que tout est bien changé pour toi. Tu devrais remercier Dieu : tu n'épouses pas mon ami d'Herbin; car, bien que nous n'ayons demandé qu'un ajournement, je te garantis que tu ne seras jamais sa femme. Ta sœur n'épousera pas M. Saint-Charles, et, un jour, je te l'assure...

CLAIRE. Et c'est ce qui me désole, c'est ce qui redouble ma douleur. Que pensera ma mère, quand vous lui direz plus tard qu'aucun de ses projets les plus chers ne peut se réaliser? Elle s'en prendra à moi; elle m'accusera de tout, et je tremble à cette pensée! Oh! si vous aviez observé son émotion, lorsque, par convenance, elle a consenti à cet ajournement...

D'ORMENIL, *s'impatientant*. Oh! sois plus raisonnable, ou je me mets en colère, ou je vous quitte tous; je vous abandonne; je retourne en Angleterre pour me calmer le sang.

CLAIRE. Vous, me quitter, m'abandonner? que deviendrais-je?

D'ORMENIL, *ému*. Est-ce que je l'ai dit? est-ce que c'est possible? Mais écoute, Claire : je veux que tu me parles comme tu parlerais à Dieu; je veux voir ton âme tout entière. Réponds-moi : mon intention est de demander à ta mère, et je suis sûr de l'obtenir, la permission de t'emmener avec moi, pour rétablir ta santé, faire un voyage de quelques mois en Italie ou en Suisse.

CLAIRE. Mon oncle!

D'ORMENIL. Réponds-moi : cela te fait-il plaisir?

CLAIRE. Voyager avec vous, mon oncle, ah! sans doute; mais je vous aime trop, vous m'aimez trop, pour que je consente à vous suivre.

D'ORMENIL. Et pourquoi cela?

CLAIRE. Je n'ose vous le dire.

D'ORMENIL. Cruelle enfant! je t'ordonne, au nom de ton père...

CLAIRE. C'est que je veux ménager votre cœur; c'est que je crains de succomber en chemin.

D'ORMENIL. Que dis-tu?

CLAIRE. Oui, mon oncle, je me sens mourir. (*Montrant son cœur.*) Depuis bien long-temps j'ai là, sans me plaindre, une douleur qui me dévore et qui augmente chaque jour... Cette nuit encore, elle a été si horrible, que j'ai cru ne plus vous revoir, et ce matin, quand le jour a paru, quand je me suis retrouvée vivante, je n'ai pas remercié Dieu.

D'ORMENIL. Et tu ne veux pas avoir du courage; tu ne veux pas prendre de l'empire sur toi-même?

CLAIRE. Cela m'est impossible.

D'ORMENIL. Tu veux donc mourir?

CLAIRE. Je me sens mourir.

D'ORMENIL. Mais de quoi, de quoi, malheureuse enfant?

CLAIRE, *s'épanchant*. De l'indifférence de ma mère.

D'ORMENIL. Et qui t'a dit...?

CLAIRE. Ah! ne cherchez pas à m'abuser. Vous avez voulu tout savoir, eh bien! je vous dirai tout.

D'ORMENIL. Parle, parle, ma fille.

CLAIRE. J'ai dix-sept ans, mon oncle, et la vie me pèse depuis bien long-temps. Les premières années, je fus distraite, par l'étourderie de mon âge et les soins de Julienne, des préférences que ma mère accordait à ma sœur; mais depuis ce temps une sensibilité, blâmable sans doute, une susceptibilité égoïste, m'ont ouvert les yeux, et un seul jour ne s'est point passé sans douleur et sans larmes. L'indiscrète pitié de quelques personnes est venue ajouter l'humiliation à la douleur. J'ai cherché en quoi j'avais pu déplaire à ma mère; je me suis observée, examinée, et je ne me suis pas trouvé de torts.

D'ORMENIL. Je le crois bien.

CLAIRE. Alors j'ai voulu, à force de docilité, de zèle, de dévouement, forcer le cœur de ma mère à s'ouvrir pour moi... tout a été inutile, et il me semble que sa... son indifférence s'augmentait en raison de tout ce que je faisais pour en triompher.

D'ORMENIL. Pauvre enfant!

CLAIRE. Souvent, bien souvent, ma pauvre mère, aussi malheureuse que moi, pour me consoler, pour me guérir, a feint une amitié qu'elle n'éprouve pas... mais ses bras me pressaient faiblement, et ses froides caresses m'étaient plus cruelles que douces.

D'ORMENIL. Oui, je comprends, va toujours. (*A part.*) C'est autant de moins sur le cœur.

CLAIRE. Dès lors je me suis dérobée à ses embrassemens, par respect pour elle et par ménagement pour moi; et j'ai souffert, seule, à l'écart, sans me plaindre à personne... Ah! ces années de douleur ont été bien longues, bien amères! Oh! l'indifférence de tout autre, je sens que j'aurais pu la supporter, oui, mon oncle, même la vôtre.

D'ORMENIL. Que dis-tu?

CLAIRE. Oui, car enfin je n'ai aucun droit à votre amour. Aujourd'hui que vous m'y avez habituée, il me serait mortel d'y renoncer; mais sans cette habitude...

D'OMENIL, *exalté*. Qui date de loin?

CLAIRE. De toujours... Sans cette habitude, je n'aurais pas été blessée de vous voir préférer ma sœur... mais une mère!... Ah! mon oncle; si vous saviez comme c'est horrible de n'être pas aimée de sa mère... Tenez, quelquefois désespérée par ma raison, et aussi pour me rattacher à une existence que je sentais m'échapper chaque jour, j'ai fait un vœu impie.

D'ORMENIL. Quoi?

CLAIRE. Je l'aime, mon oncle, je l'aime! mais, pour la justifier, pour ne plus souffrir, pour ne pas mourir, j'ai souhaité quelquefois qu'elle ne fût pas ma mère.

D'ORMENIL, *à part, satisfait*. Ah!

CLAIRE. Oui, quelquefois, lasse, égarée, perdue, je m'abandonnais à mes rêves. Je m'imaginais que ma mère était morte ou inconnue et alors, je donnais à ce fantôme de ma mère un ardent amour pour sa fille; mon cœur s'épanchait dans son cœur; je la voyais me sourire, je la sentais me presser contre sa poitrine, m'inonder de ses larmes; et j'étais heureuse quelques instans... Que voulez-vous? je me prenais à des chimères pour oublier la réalité. Depuis quelque temps il ne me vient plus de ces pensées; les anges consolateurs de mes rêves ne viennent plus me sourire... Il me faut mourir, mon oncle, il me faut mourir!

Elle tombe sur un siége et pleure.

D'ORMENIL. Mourir!

CLAIRE. Calmez-vous.

D'ORMENIL, *à part, prenant un siége.* Allons, il le faut : le docteur a raison; il n'y a pas de temps à perdre. (*Haut, assis près de Claire.*) Me calmer, dis-tu, quand je te vois dans cet état; quand tu ne veux rien faire pour triompher de cette funeste préoccupation!... Mais, mon Dieu, ma fille, ma bonne Claire, qui t'a dit que ton exigence n'est pas un peu injuste? que sais-tu enfin si tu n'es pas dans l'erreur... Il y a tant d'exemples... et moi-même, j'ai vu, j'ai connu... Oui, ma fille, l'état où je te vois me rappelle une histoire dont le souvenir... une histoire bien triste, qui te prouverait que souvent on s'abuse, qu'on s'afflige, qu'on se désespère sans motif... Tiens, je veux te la raconter, ma fille.

CLAIRE. Je vous écoute.

D'ORMENIL. Il y a dix-huit ans, à peu près, un jeune homme devint amoureux d'une jeune personne dont les parens lui refusèrent la main. La violence de leur passion irritée encore par les obstacles égara la raison des deux amans... la jeune personne commit une faute impardonnable: elle quitta la maison de son père... et mourut une année après. Le jeune homme ne se serait point consolé de ce malheur et n'aurait point survécu à celle qu'il avait tant aimée, s'il n'avait eu un devoir sacré à remplir. Il était père, et il jura de consacrer sa vie au bonheur de sa fille. Trois ans après, une jeune femme riche, sans parens, séduite par les qualités brillantes de ce jeune homme, désira s'unir à lui. Elle était bien née; elle était belle; le jeune homme lui avoua que cette union ferait son bonheur; mais un jour il se présenta chez elle, tenant par la main une enfant de trois ans, et il dit à la jeune femme : Voici ma fille; je l'aime plus que tout au monde, et je ne croirai à votre amour que si vous consentez, en m'épousant, à l'adopter, à la reconnaître pour votre fille, non pas seulement dans votre cœur, mais dans le contrat de mariage.

CLAIRE. Brave jeune homme! comme il aimait sa fille!

D'ORMENIL. La jeune femme était éprise déjà, et cette proposition, loin de diminuer son amour, toucha vivement son cœur. Elle accepta et jura de ne jamais révéler ce secret à personne.

CLAIRE. Oh! j'aurais fait comme elle. Cela est si beau un père dévoué à son enfant.

D'ORMENIL. Ils se marièrent; et quelque temps après la jeune fille eut une sœur. Le père s'aperçut bientôt de ce qui ne pouvait manquer d'arriver, c'est-à-dire des préférences de sa femme pour sa fille à elle... Le chagrin s'empara de son âme, et il y succomba en recommandant sa fille aînée à l'amitié d'un frère.

CLAIRE. Ah! oui, c'est une histoire bien triste. Pauvre enfant!... Et l'oncle a-t-il exécuté les volontés de son frère?

ACTE II, SCENE XIV.

D'ORMENIL. Oui... Je le crois du moins... Il a aimé, tendrement aimé sa nièce.

CLAIRE. Ah! il a donc fait comme vous, mon oncle?

D'ORMENIL. Et jusqu'au dernier soupir il veillera sur la fille aînée de son frère.

CLAIRE. Elle vit encore?

D'ORMENIL, *très-ému*. Oui, elle vit encore... mais elle veut mourir.

CLAIRE. O ciel!

D'ORMENIL. Claire, m'as-tu compris?

CLAIRE. Est-il possible!

D'ORMENIL. J'avais juré de ne révéler ce secret à personne...

CLAIRE. Quoi! cette malheureuse enfant...?

D'ORMENIL. C'est toi.

CLAIRE. Et Mme d'Ormenil...

D'ORMENIL. Elle n'est que ta mère adoptive.

CLAIRE, *tombant à genoux*. Ah! merci, merci, mon Dieu!

D'ORMENIL. Mais de la discrétion, Claire, c'est le serment que j'ai fait à ton père.

CLAIRE. Oh! j'explique tout maintenant, et c'est moi qui ai été injuste sans le savoir. Oh! oui, je n'avais pas droit à lui inspirer autant d'amour qu'Euphrosine, que sa fille..... Elle n'est que ma protectrice, et à ce titre elle a plus fait pour moi qu'aucune autre femme n'eût fait. Oh! je veux, je dois lui demander pardon de mon exigence et du chagrin que j'ai dû lui donner.

D'ORMENIL. Non, ma fille, ne lui parle de rien, ce serait lui dire que j'ai été parjure à mon serment, et elle me l'a entendu prêter entre les mains de ton père.

CLAIRE, *épanouie*. Oh! mon Dieu! si vous saviez... Je souffre moins. (*Avec passion.*) Et dites-moi, ma mère, parlez-moi de ma mère, de ma véritable mère, de celle qui m'a aimée.

D'ORMENIL, *à part, pleurant*. Oh! maintenant j'espère. (*Haut.*) Ta mère?

CLAIRE. Oh! que je l'aurais chérie, mon Dieu, si je l'avais connue, si le ciel me l'eût conservée... Oh! parlez-moi, parlez-moi d'elle; dites-moi comment était ma mère.

D'ORMENIL, *lui donnant le portrait d'une sœur à lui*. Tiens, vois, elle avait alors l'âge que tu as aujourd'hui.

CLAIRE, *baisant le portrait avec transport*. Oh! ma mère, ma mère! oui, c'est ma mère... N'est-ce pas que je lui ressemble?

D'ORMENIL. Oui, ma fille. (*A part.*) Oh! elle est sauvée, elle est sauvée! (*Haut.*) Et maintenant, ma fille, tu consens, n'est-ce pas, à ce voyage?..

CLAIRE. Oui, mon oncle, mon père, cela me fera du bien.... Vous me raconterez encore... vous me parlerez d'elle, toujours d'elle.

D'ORMENIL. Et toi, Claire, pas un mot de ce que je t'ai dit à qui que ce soit.

CLAIRE. Je le promets.

D'ORMENIL. Viens, viens, ma fille; allons hâter les apprêts de notre voyage. Nous partirons ce soir.

CLAIRE. Oui, mon oncle, oui, mon oncle, ce soir, le plus tôt possible.

D'ORMENIL, *à part*. Je suis sûr que Dieu me pardonnera mon mensonge. (*Haut.*) Allons, allons.

CLAIRE, *montrant le portrait*. O mon oncle, je suis heureuse, j'ai une mère.....

FIN DU SECOND ACTE.

ACTE TROISIÈME.

Même décor.

SCENE PREMIERE.

CLAIRE, JULIENNE.

CLAIRE. Allons, dépêche-toi, Julienne, mon carton à chapeau, mon album, ma cassette ; tu porteras tout cela dans la calèche.

JULIENNE. Ah! mon Dieu! quel bonheur, ma fille, comme te voilà gaie! et la bonne idée qu'a eue ton oncle de te faire voyager !

CLAIRE, *épanouie*. Oui, ce voyage me sera salutaire, et cette espérance, comme tu vois, me... Julienne, viens, que je t'embrasse.

JULIENNE. Ah! ma pauvre Claire, j'en deviendrai folle de joie.

CLAIRE. Mais hâte-toi, hâte-toi, je pars ce soir.

JULIENNE. Oui, oui, ma fille, tu partiras ; je vais.... (*Elle se trompe de porte.*) Je ne sais plus où j'ai la tête.

Elle entre à droite dans la chambre de Claire.

SCENE II.

CLAIRE, SAINT-CHARLES.

SAINT-CHARLES. Claire, je profite du moment où tout le monde est occupé des apprêts de votre départ pour vous demander quelques instans d'entretien.

CLAIRE. Monsieur Saint-Charles....

SAINT-CHARLES. Votre oncle, votre digne oncle, qu'il faudrait appeler votre père....

CLAIRE. Oh! désormais je ne veux l'appeler qu'ainsi.

SAINT-CHARLES. Il m'a dit... Vous comprenez... Et alors je n'ai pas balancé.... je me suis abandonné à sa bienveillance, à son dévouement pour nous.... Votre mère ignore ce qui s'est passé, ce qui a été secrètement convenu entre votre oncle, votre sœur et moi..... Elle pense que tout ceci n'est qu'un ajournement. Mais, autorisé par votre oncle, je dois vous dire que jamais, jamais je n'aurai d'autre femme que vous, si vous le voulez ; s'il est vrai, comme il me l'a dit, que vous ne soyez pas insensible...

CLAIRE. Ah! mon oncle vous a dit...... (*A part.*) Cher oncle!

SAINT-CHARLES. Eh bien! mademoiselle, me repousserez-vous encore, et n'entendrai-je pas sortir de votre bouche...?

Ici paraît d'Ormenil.

CLAIRE. Monsieur Saint-Charles, mon oncle n'aurait pas dû...

SAINT-CHARLES. Il m'aurait donc trompé!

SCENE III.

CLAIRE, D'ORMENIL, SAINT-CHARLES.

D'ORMENIL, *s'avançant*. Moi, tromper quelqu'un! j'en suis incapable.

CLAIRE. Ah! mon oncle...

D'ORMENIL. Ah! bah! ne vas-tu pas faire la précieuse maintenant ?

SAINT-CHARLES, *suppliant*. Oh! mademoiselle, je vous en prie.

D'ORMENIL. Vous l'aimez, n'est-ce pas, monsieur Saint-Charles ?

SAINT-CHARLES. Oh! monsieur, plus que ma vie.

D'ORMENIL. Vois donc s'il se fait prier, lui. Moi, j'aime les caractères ouverts. Allons donc, exécute-toi de bonne grâce... Que diable, devant moi, j'espère, cela est solennel !

CLAIRE. Oh! j'avoue que je.... que j'estime beaucoup monsieur.

D'ORMENIL. Eh bien! à la bonne heure,

ACTE III, SCENE V.

(*A Saint-Charles.*) Vous devez être content?
SAINT-CHARLES. Content?... Mademoiselle n'a parlé que de son estime...
D'ORMENIL. Vous savez bien que dans le dictionnaire des synonymes à l'usage des femmes, je vous estime veut dire je vous aime, quand il est question des jeunes gens, s'entend.
SAINT-CHARLES. Mademoiselle, serait-il vrai?
Claire fait à Saint-Charles un tout petit signe affirmatif.
D'ORMENIL, *à Claire*. Oh! ne te cache pas, je t'ai vue. Tu ne veux pas faire mentir ton oncle, c'est d'une bonne nièce.
SAINT-CHARLES. Oh! Claire!...
D'ORMENIL. C'est bien, tout est dit.
SAINT-CHARLES. Monsieur, croyez que lorsque Claire sera ma femme... Monsieur, quand sera-t-elle ma femme?
D'ORMENIL. Ah! ah! je ne peux pas vous dire... Il faut attendre d'abord que nous soyons de retour de notre voyage, et puis que j'aie amené ma sœur... Je ne puis donc préciser la date; mais vous êtes un brave jeune homme, n'est-ce pas?
CLAIRE, *étourdiment*. Oui, mon oncle...
Baissant les yeux.
D'ORMENIL. Il n'y a pas de mal. Puisque tu l'estimes, c'est bien le moins que tu assures que c'est un honnête homme. (*A Saint-Charles.*) C'est un amour vrai, profond, aussi profond, pour le moins que... l'estime de ma nièce.
SAINT-CHARLES, *exalté*. Ah! monsieur.
D'ORMENIL. Vous me jurez, à moi qui suis comme son père, que vous ferez son bonheur?
SAINT-CHARLES. Oh! je vous le jure.
D'ORMENIL. Alors laissez-moi tranquille, laissez-moi m'occuper de quelques détails avant notre départ, et je vous promets, je ne dis pas quand, ni comment j'y parviendrai, mais je vous promets que Claire sera votre femme. (*A Claire.*) Tu seras sa femme, je l'ai résolu..... Et quand j'ai résolu quelque chose!...
SAINT-CHARLES, *ravi*. Oh! cette espérance, cette certitude...
CLAIRE, *ravie*. Monsieur..... Saint-Charles....
D'ORMENIL, *les séparant*. C'est bien, c'est bien, c'est assez d'estime réciproque comme cela.
CLAIRE. Mon excellent oncle...
SAINT-CHARLES. Mon excellent...
D'ORMENIL, *leur prenant les mains*. Chers amis! (*Brusquement.*) Allons, finissons-en! Toi, Claire, entre dans ta chambre, et vois si on n'oublie rien.
CLAIRE. Oui, mon oncle, oui, mon oncle.
Elle sort.
D'ORMENIL. Tout-à-l'heure elle ne pouvait pas marcher, maintenant elle court comme une gazelle.
SAINT-CHARLES. Bonne Claire!
D'ORMENIL, *tendant la main à Saint-Charles*. Oui, bonne et belle!.... Enfin, je n'ai pas de temps à perdre, il faut que je parle à d'Herbin; je l'attends. Laissez-moi, mon ami, et venez me trouver cinq minutes avant notre départ.
SAINT-CHARLES. Oui, monsieur, oui, monsieur.
D'ORMENIL. Du reste, pas un mot; vous ne savez rien de plus que ce matin : votre mariage avec Euphrosine est ajourné à cause de l'état de sa sœur. Voilà tout.
SAINT-CHARLES. Je serai discret.

SCENE IV.

D'ORMENIL.

Ah! je respire enfin. Comme la gaîté revient vite aux jeunes filles. (*Il regarde dans la chambre de Claire.*) La voilà qui va de côté et d'autre, animée, alerte, heureuse... Ah! j'éprouve un plaisir....

SCENE V.

D'HERBIN, D'ORMENIL.

D'ORMENIL. Ah! te voilà; je t'attendais.
D'HERBIN. Tu m'as fait dire que tu as à me parler.
D'ORMENIL. Mon cher ami, je suis content de toi.
D'HERBIN. Je ne t'en dirai pas autant.
D'ORMENIL. Qu'est-ce que cela me fait, pourvu que tu continues à mériter mon approbation?
D'HERBIN. Je commençais à aimer Claire, et il me faut renoncer à elle.
D'ORMENIL. Eh bien! la plus délicate preuve d'amour qu'un homme de ton âge puisse donner à une jeune fille, c'est de ne pas l'épouser.
D'HERBIN. Ah! bah! tu me jettes toujours mon âge...
D'ORMENIL. Cela retombe sur moi qui ne suis pas plus jeune... Ainsi tu ne peux pas te fâcher.

D'HERBIN. Enfin, qu'as-tu à me dire?

D'ORMENIL. J'ai à te dire tout ce qu'on dit à un ami, et tu es le meilleur des miens.

D'HERBIN. A la condition que je ne serai pas ton neveu?

D'ORMENIL. Bien entendu. J'ai à te faire part de mon projet pour que tu me secondes de ton mieux.

D'HERBIN. Qu'est-ce que c'est?

D'ORMENIL. Saint-Charles et Claire s'aiment, et je veux un jour les marier.

D'HERBIN, *avec une espèce de petit dédain.* Saint-Charles! un homme sans maturité, sans...

D'ORMÉNIL. C'est précisément pour cela. S'il avait mon âge, ce serait bien différent.

D'HERBIN. Ton âge?

D'ORMENIL. Puisque tu ne veux pas que je dise le tien!... Oui, mon ami, je désire que Saint-Charles soit mon neveu; mais, pour cela, il faut d'abord que madame d'Ormenil, que ma sœur ne s'abuse plus sur l'ajournement des deux mariages qu'elle voulait faire. Il faut qu'elle sache bien que c'est une rupture définitive, et pour que la faute n'en soit imputée ni à Claire ni à Saint-Charles, il faut que tu dises à ma sœur que tu as réfléchi, que tu serais très-heureux, très-flatté de devenir son gendre, mais que, lorsque tu considères... enfin, que tu renonces à sa fille, à Claire.

D'HERBIN. Ah! il faut...?

D'ORMENIL. Euphorsine, de son côté, instruite par moi, a dû déjà dire à sa mère qu'elle renonce à Saint-Charles, qu'elle ne serait pas heureuse avec lui. Sa mère l'aime trop pour faire la moindre difficulté et pour résister à cette apparence de caprice. Une fois toi parti, et plus tard, quand j'aurai marié Euphorsine à un jeune officier, mon cousin, dont elle sera folle à la première vue, rien alors ne s'oppose plus au mariage de Claire et de Saint-Charles. Comprends-tu? saisis-tu? feras-tu ce que je désire?

D'HERBIN. Il le faut bien! Est-ce que je ne suis pas né exprès pour céder toujours aux autres, surtout à mes amis?

D'ORMENIL. Tu vas donc à l'instant trouver ma sœur et lui dire ce qui est convenu.

D'HERBIN, *soupirant.* Ah! je sens pourtant que j'aurais rendu Claire bien heureuse.

D'ORMENIL. Oui, à ta manière; mais ce n'est pas la bonne... Va donc.

D'HERBIN. Allons.

Il sort en soupirant.

SCENE VI.

D'ORMENIL, *seul.*

Tout va bien. (*A la chambre de Claire.*) Julienne, dépêche-toi; il se fait tard.

SCENE VII.

D'ORMENIL, JULIENNE, CLAIRE; *donnant quelques objets à Julienne.*

JULIENNE, *chargée de paquets.* Oui, monsieur, oui, monsieur. Quel beau jour! Claire, voyez, elle n'est plus la même. Elle a recouvré sa force, son agilité... je suis si touchée, si émue...

Elle pleure.

D'ORMENIL. Allons, ne vas-tu pas t'attendrir là, avec tous ces paquets? Il faut que les femmes pleurent. C'est dans leur nature et nécessaire à leur santé.

JULIENNE. Ah! monsieur, vous êtes le meilleur des hommes... Dieu vous récompensera.

D'ORMENIL. C'est déjà fait; mais porte tous ces paquets dans la voiture, et pleure en chemin si tu veux.

JULIENNE. Oui, monsieur, oui, monsieur.

SCENE VIII.

D'ORMENIL, CLAIRE.

D'ORMENIL. Comment, ma nièce! tu n'es pas encore en habit de voyage? mais songe donc que, dans quelques heures, nous serons en tête-à-tête sur la route de la Suisse.

CLAIRE. Quel bonheur!

D'ORMENIL. Ah çà! n'oublions-nous rien!... ah! le docteur, il est encore ici, je crois; il faut que je le voie; que je l'embrasse avant de partir... c'est un homme de génie... je lui dois...

CLAIRE. Quoi donc?

D'ORMENIL, *se ravisant.* Je lui dois... la vie... il m'a sauvé... (*A part.*) Je n'ai jamais été malade.

SCENE IX.

CLAIRE, *seule.*

Oh! de quel poids mon cœur est soulagé!... mon front n'est plus brûlant... ma poitrine n'est plus oppressée!... oh! maintenant je ne veux plus mourir... maintenant que je sais... Bonne madame d'Ormenil, elle m'a adoptée, elle a élevé mon enfance, elle a tout fait pour moi, et elle ne me devait rien ; elle n'est pas ma mère ! (*Regardant le portrait.*) Ma mère ! pauvre mère, pardonnez-moi, si une autre partage avec vous mon amour et ma reconnaissance !... Mme d'Ormenil est ma protectrice... Puis-je en un jour effacer de mon cœur des sentimens que depuis si long-temps j'éprouve pour elle ? oh ! non, non, c'est impossible ! et à présent même, je ne pourrais m'accoutumer au spectacle de sa tendresse exclusive pour sa fille.... Oh ! il faut que je parte, que je m'éloigne, et pour ne plus revenir... Mais je ne puis partir sans remercier ma bienfaitrice ; car j'ai été bien ingrate à mon insu ; j'ai dû l'affliger bien profondément ; j'ai été cause qu'on l'a appelée mauvaise mère... Oh ! oui, oui, je lui dois une réparation... et mon oncle m'approuvera quand il saura que je veux le suivre dans sa province, et ne plus le quitter... oui, oui, je dirai tout à Mme d'Ormenil, c'est une justice, et un devoir, un devoir sacré... lorsque je l'aurai accompli, je m'éloignerai pour toujours !.. (*Pleurant.*) Je la regretterai bien long-temps ; mais au moins quand je ne serai plus là, je ne pourrai rien exiger d'elle... je n'aurai plus rien à lui demander... je ne verrai plus Euphrosine, seule, dans ses bras... (*elle regarde le portrait*) et alors, alors je serai toute à vous, ma mère.

Elle pleure.

SCÈNE X.

Mme D'ORMENIL, CLAIRE.

Mme D'ORMENIL, *à part.* Euphrosine ne veut pas épouser Saint-Charles, elle ne l'aime pas, dit-elle... et M. d'Herbin, qui a si vivement sollicité la main de Claire, vient de me dire... (*Haut.*) Eh bien ! ma fille, comment te trouves-tu ?

CLAIRE, *mettant le portrait dans son sein.* Bien, très-bien, je vous assure.

Mme D'ORMENIL. En effet, tu n'es pas aussi pâle, aussi abattue... j'ai consenti à la demande de ton oncle ; vous allez faire un voyage ensemble, cela rétablira tout-à-fait ta santé.

CLAIRE. Oui, oui, je l'espère.

Mme D'ORMENIL. J'ai donné des ordres pour que tu puisses partir aujourd'hui même ; ton oncle n'a pas voulu attendre jusqu'à demain, et M. Bénard est de son avis ; c'est aussi le mien, parce qu'il me tarde de te revoir bien portante.

CLAIRE. Que vous êtes bonne !

Mme D'ORMENIL. Es-tu heureuse de faire ce voyage ?

CLAIRE, *émue.* Oh ! oui, heureuse ; mais avant de partir, j'ai besoin de vous parler, car je vais m'éloigner pour long-temps.... pour toujours.

Mme D'ORMENIL. Pour toujours !

CLAIRE. Oui, c'est mon projet, c'est mon devoir, et mon oncle y consentira... c'est une réparation tardive que je vous dois pour toutes les peines, tous les chagrins, tous les sacrifices que je vous ai causés, pour toutes les calomnies que j'ai attirées sur vous.

Mme D'ORMENIL, *étonnée.* Que veux-tu dire, ma fille ?

CLAIRE. Oh ! croyez bien que si j'avais su... si on m'avait dit... oh ! que vous avez dû être malheureuse de mes exigences si peu légitimes... une autre, à votre place, m'aurait haïe peut-être, m'aurait repoussée de sa maison, de peur que je ne lui dérobasse un peu de l'affection qu'une mère doit toute à sa fille... et vous m'avez accueillie ; vous m'avez traitée avec douceur ; vous m'avez appelée à tous vos plaisirs, à toutes vos fêtes ; et j'aurais dû être heureuse et reconnaissante, sans mon injuste prétention de vouloir l'égal partage de votre cœur entre Euphrosine et moi.

Mme D'ORMENIL. Je ne comprends pas....

CLAIRE. Il est juste que je m'éloigne.... que je laisse Euphrosine recevoir tous vos soins, toutes vos caresses... j'ai usurpé ici tout ce que vous avez fait pour moi, lorsqu'on aurait pu m'y traiter comme une étrangère.

Mme D'ORMENIL. Une étrangère !..

CLAIRE. Aujourd'hui, je sais tout, et la reconnaissance dans mon cœur a fait place aux secrets reproches.

Mme D'ORMENIL. Que veut dire ceci ?

CLAIRE. Je vous demande un pardon que vous ne me refuserez pas... mettez le comble à mon bonheur ; car je suis si heureuse déjà de ne plus sentir dans mon cœur ni amertume, ni dépit...

Mme D'ORMENIL. Que veux-tu que je te pardonne ?

CLAIRE. Mon ignorance, madame, car mon injustice ne vient que de là.

Mme D'ORMENIL, *tremblante.* Madame !... pourquoi ne m'appelles-tu plus...?

CLAIRE. Parce que je sais...
M*me* D'ORMENIL. Tu sais?..
CLAIRE. Que vous n'êtes pas ma mère.
M*me* D'ORMENIL. Ah! ce mot est affreux!
CLAIRE. Madame...
M*me* D'ORMENIL. Ta mère! appelle-moi ta mère!

SCENE XI.

D'ORMENIL, M*me* D'ORMENIL, CLAIRE.

D'ORMENIL, *accourant*. D'où viennent ces cris?
M*me* D'ORMENIL. Ma fille qui ne veut plus m'appeler sa mère.
D'ORMENIL, *vivement à Claire*. Sors, laisse-nous!
CLAIRE. Oui, mon oncle, j'ai tout dit.
D'ORMENIL. Va-t'en! nous allons partir.
CLAIRE, *à M*me* d'Ormenil*. Mais s'il le faut, madame, s'il importe que le monde ignore ce secret, je jure de n'en rien dire à personne; et il n'y aura jamais que mon oncle, vous et moi, qui saurons bien que vous n'êtes pas ma mère.

Elle rentre vivement dans sa chambre.

SCENE XII.

M*me* D'ORMENIL *anéantie*, D'ORMENIL *désolé, puis* CLAIRE.

M*me* D'ORMENIL. Vous venez de l'entendre; et c'est vous qui lui avez dit...
D'ORMENIL. Ma sœur...
M*me* D'ORMENIL. Oh! mais vous ne partirez pas; elle ne me quittera pas, ou je vous suivrai partout, je vous demanderai ma fille, vous me rendrez ma fille.

Ici Claire paraît à la porte de sa chambre, portant quelques objets pour le départ... elle s'arrête et écoute.

D'ORMENIL. Oh! mon Dieu.
M*me* D'ORMENIL. Oh! lorsqu'elle m'a dit ce mot, lorsque je l'ai vue heureuse de croire qu'elle n'était pas ma fille! ah! j'ai failli mourir.
D'ORMENIL. Eh bien! puisqu'elle a parlé, puisqu'elle ne m'a pas tenu parole, j'en conviens, désolé de voir que Claire se mourait de ne pas être aimée de vous, je n'ai rien ménagé, j'ai fait un mensonge, (*mouvement de Claire*) sans cela elle était morte! Et c'est vous qui l'auriez tuée!

Claire laisse tomber les objets qu'elle portait et accourt.

M*me* D'ORMENIL. Morte! Ah! ma fille!
(*Apercevant Claire, elle tombe à ses genoux.*)
Je te demande pardon, ma fille!
CLAIRE, *la relevant*. Que faites-vous?
M*me* D'ORMENIL, *à d'Ormenil*. N'est-ce pas que je suis sa mère?
CLAIRE, *moitié étonnée, moitié heureuse*. Il serait vrai?
M*me* D'ORMENIL, *au dernier degré de l'émotion, la regardant, la pressant dans ses bras*. Eh! quoi, ma fille?..
CLAIRE, *à son oncle*. Mais ce portrait?
D'ORMENIL. Celui de ma sœur.
M*me* D'ORMENIL. Claire, tu douterais encore? (*Redoublant les caresses.*) Est-ce que tu ne le vois pas? est-ce que tu ne le sens pas?
CLAIRE, *tressaillant graduellement à mesure qu'elle scrute le visage de sa mère*. Oh! oui, ces larmes..... ce regard qui me va au cœur, l'accent de cette voix que jamais encore je n'avais entendu..... C'est bien ainsi qu'une mère parle à sa fille, c'est bien ainsi qu'une mère regarde sa fille... Oh! oui, mon oncle, vous m'aviez trompée!

Elle se précipite dans les bras de sa mère.

D'ORMENIL. Oui, Claire, par désespoir je t'avais menti.
CLAIRE. Eh bien! mon oncle, le désespoir m'égarait aussi, lorsque je vous ai dit que j'avais souhaité qu'elle ne fût pas ma mère.

Elle rend le portrait à son oncle.

D'ORMENIL, *à part*. Profitons du moment. (*Haut.*) Sachez tout : elle aime Saint-Charles et en est aimée.

SCENE XIII.

D'ORMENIL, EUPHROSINE, M*me* D'ORMENIL, CLAIRE, SAINT-CHARLES, D'HERBIN.

M*me* D'ORMENIL, *répondant à ce que vient de lui dire d'Ormenil*. Oh! si j'avais pu soupçonner... (*A Saint-Charles.*) Monsieur Saint-Charles, vous avez eu bien tort de me cacher... mais je vous pardonne, et dans quelques jours..... M. d'Herbin m'a dit qu'il renonce à ses prétentions.
D'HERBIN. Je voulais qu'elle fût heureuse; (*désignant Saint-Charles*) ce grand garçon est plus au fait de cela que moi.
D'ORMENIL, *à travers son émotion*. Tu as raison.
D'HERBIN. Je ne demande pas ton avis.
D'ORMENIL, *essuyant ses yeux*. J'espère

qu'aujourd'hui je pleure une bonne fois pour toutes.

Mme D'ORMENIL, *à Euphrosine.* Quant à toi, ma fille...

EUPHROSINE, *souriant.* Ma mère, je vous fais part de mon mariage avec un officier, un cousin de mon oncle.

Mme D'ORMENIL. Et, je le vois, tout le monde est heureux maintenant?

CLAIRE. Oh! oui, heureux.

Mme D'ORMENIL, *embrassant à droite et à gauche ses deux filles.* Claire, Euphrosine, mes filles, mes filles chéries, combien je vous aime!

EUPHROSINE. Ma mère!

CLAIRE, *épanouie, souriant.* Ma bonne mère.... mon oncle... Saint-Charles...

D'HERBIN. Et moi, rien?

CLAIRE, *courant à lui.* A vous, monsieur, la reconnaissance de toute ma vie.

D'HERBIN. Parce que je ne vous épouse pas!

CLAIRE, *à demi-voix.* Parce que vous avez voulu m'épouser. Monsieur d'Herbin, je vous avais compris, et je vous demande votre amitié.

Elle lui tend la main.

D'HERBIN, *lui baisant la main, à part.* Enfin j'ai eu ma petite part.

FIN.

Imprimerie de Mme Ve DONDEY-DUPRÉ, rue Saint-Louis, n° 46, au Marais.

www.ingramcontent.com/pod-product-compliance
Lightning Source LLC
Chambersburg PA
CBHW070444080426
42451CB00025B/1437